Minha vida de prefeita

Minha vida de prefeita

O QUE SÃO PAULO ME ENSINOU

Marta Suplicy

AGIR

Copyright © Marta Suplicy, 2008

Capa
Sylvia Monteiro

Imagem da capa
Gloria Flügel

Foto da autora
J. R. Duran

Revisão
Daniele Ribeiro
Rebeca Bolite

Produção editorial
Juliana Romeiro

CIP-Brasil. Catalogação-na-fonte. Sindicato Nacional dos Editores de Livros, RJ.

S957m   Suplicy, Marta, 1945-
           Minha vida de prefeita: o que São Paulo me ensinou / Marta Suplicy.
       — Rio de Janeiro: Agir, 2008.

           Inclui bibliografia
           ISBN 978-85-220-0825-4

           1. Suplicy, Marta, 1945-. 2. São Paulo (SP) — Política e governo.
       3. Políticos — Brasil — Biografia. I. Título.

                                                          CDD: 923.281
08-3189   CDU: 929:32(81)

---

08 09 10 11 12   8 7 6 5 4 3 2 1

A
AGIR

Todos os direitos reservados à
AGIR EDITORA LTDA. – Uma empresa Edioouro Publicações S.A.
Rua Nova Jerusalém, 345 – CEP 21042-235 – Bonsucesso – Rio de Janeiro – RJ
Tel.: (21) 3882-8200 fax: (21) 3882-8212/8313

Sumário

9 PRÓLOGO

13 CAPÍTULO 1. O susto da chegada

23 CAPÍTULO 2. Cemitério de automóveis

29 CAPÍTULO 3. Na política, até a medula

41 CAPÍTULO 4. O governo toma forma

49 CAPÍTULO 5. O nascimento dos CEUs

61 CAPÍTULO 6. A periferia chega ao poder

69 CAPÍTULO 7. A guerra dos transportes

79 CAPÍTULO 8. S.O.S. Saúde

91 CAPÍTULO 9. São Paulo no mundo

105 CAPÍTULO 10. A chance de intervir no caos

111 CAPÍTULO 11. A volta ao Centro

121 CAPÍTULO 12. Sonhos na gaveta

129 CAPÍTULO 13. Planejamento para avançar

139 CAPÍTULO 14. A primeira sessão de cinema

153 CAPÍTULO 15. A capital da inclusão

167 CAPÍTULO 16. Finanças

179 CAPÍTULO 17. A Festa dos 450 anos e o orgulho recuperado

189 CAPÍTULO 18. Na reta final, nervos à flor da pele

199 EPÍLOGO. Nada como um dia depois do outro

209 AGRADECIMENTOS

213 FONTES CONSULTADAS

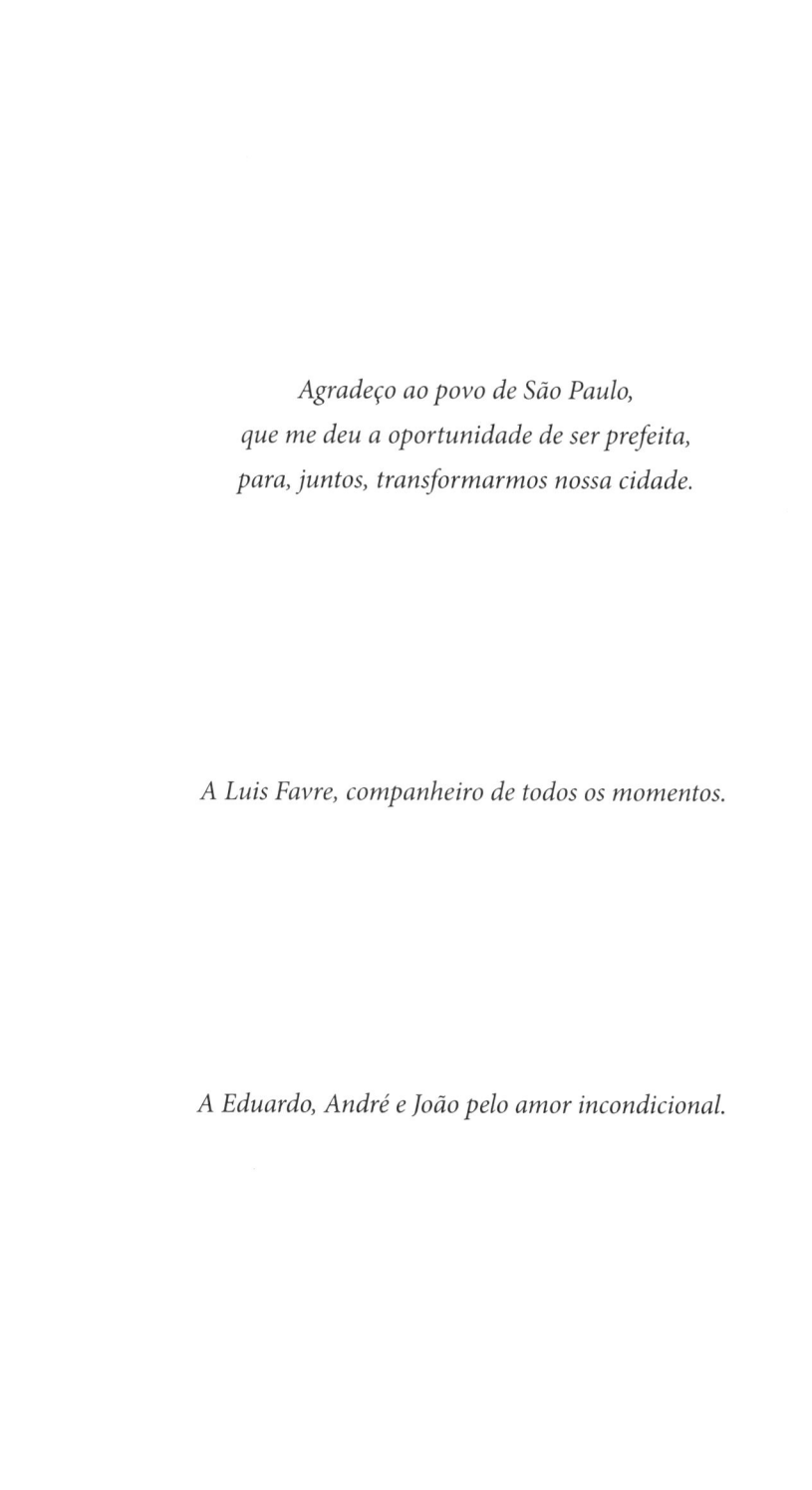

*Agradeço ao povo de São Paulo,
que me deu a oportunidade de ser prefeita,
para, juntos, transformarmos nossa cidade.*

A Luis Favre, companheiro de todos os momentos.

A Eduardo, André e João pelo amor incondicional.

Prólogo

Minha mãe morreu ontem, aos 87 anos. Já estava doente há tempos e, nos últimos meses, não conseguia mais se comunicar.

Estranho: quando a morte chega, você não se lembra da fase final e vêm, aos borbotões, imagens, falas, situações do passado. Principalmente da infância e de momentos marcantes. Minha mãe era inteligente, lia muito, falava pouco, mas contava histórias como ninguém. E não era como a maioria das mães das minhas amigas — não tinha regras rígidas, não mandava estudar e deixava faltar à escola se eu não quisesse ir. "Problema seu, minha filha!" Nunca descobri se era para desenvolver responsabilidade ou porque não se interessava. Ou talvez percebesse que eu era tão caxias que faria tudo direitinho sem que ela precisasse interferir.

Lembro de tudo isso logo neste momento porque minha mãe morreu e lhe sou grata, não só pela vida e pelos cuidados que teve comigo, mas pelas palavras que me disse em uma de nossas últimas conversas.

Estávamos caminhando em volta do quarteirão de sua casa, fazíamos isso às vezes para ela andar um pouco, quando, de sopetão, eu lhe disse: "Mãe, estou apaixonada e pensando em me separar." Fiquei muda, esperando a reação. Ela era um pouco imprevisível, eu não tinha idéia de como reagiria. Dos quatro filhos, eu era a única que mantinha o primeiro casamento, e ela queria muito bem ao Eduardo. Além disso, eu acabava de ser eleita prefeita de São Paulo.

Andamos uns metros sem trocar palavra, e eu pensando: e agora? Caminhávamos, e ela, muda. De repente, baixo e firme, ela disse: "Filha, a vida é curta, seja feliz." Eu podia imaginar vários tipos de resposta. Mas esta, tão direta, eu não esperava. Na hora pensei: é na velhice que as pessoas percebem que a vida passa rápido.

Suas palavras tiveram um papel importante numa decisão que já estava internamente tomada. Era o certo. E eu iria enfrentar tudo em nome de uma coerência. Eu tinha coragem para fazer uma opção pela vida e pelo amor. Mas como minha mãe me apoiou, a decisão ficava repentinamente mais leve.

Pela vida tranqüila que levou, era de se esperar que ela não apoiasse o que eu fazia. Muito pelo contrário. Recebeu tudo sem surpresas, desde o fato de eu cursar a faculdade tendo filhos pequenos, o que não era comum há 45 anos, até eu ir morar vários anos nos Estados Unidos, trabalhar intensamente no consultório, escrever oito livros, fazer o *TV Mulher*, entrar na política como candidata a deputada federal e, por fim, ser prefeita. Minha mãe se orgulhava de tudo que eu fazia, e penso que se realizava ao me ver participar de tanta coisa.

Com 50 anos, animou-se a cursar a faculdade e entrou na PUC, em pedagogia. Estudou, fez amigos jovens, mas sua vida familiar nunca permitiu exercer a profissão. Participava muito da vida dos netos. Durante anos meus pais levavam as crianças para os fins de semana na fazenda, em Avaré, o que me deixava tempo para estudar e permitia ao Eduardo se ocupar de atividades políticas. Minha mãe estava sempre à disposição se eu precisasse de alguma ajuda. Supla morou anos com meus pais, quando as campanhas do Eduardo invadiam nossa casa e ele não agüentava a falta de privacidade. Ela fazia um fixador com claras de ovo para o cabelo dele ficar espetado, técnica que ele usou durante anos, até descobrir produtos mais modernos. Meus filhos eram muito próximos dela.

Meu pai sempre teve uma postura diferente. Criou a filha para casar e não entendia por que eu queria coisas tão imprevisíveis. Ao mesmo tempo, quando fui para os Estados Unidos acompanhar Eduardo, ele pagou prontamente meus anos de formação em Michigan e depois em Stanford. Mas ficou escandalizado quando aceitei fazer o programa sobre comportamento sexual na televisão. Foram anos para ele entender como aquele programa beneficiava a população. Meu pai não tem os políticos em bom conceito. A vida inteira foi de direita, mas votou sempre no Eduardo por considerá-lo um político íntegro. Quando resolvi me candidatar a deputada federal ele nem reclamou mais. Quando fui eleita prefeita ele já estava doente, mas fez questão de ir de cadeira de rodas à posse. Fiquei emocionada.

Não pretendo me estender sobre minha vida pessoal, pois esse é um livro para relatar os quatro anos de trabalho à frente da maior Prefeitura do país. Devo dizer apenas que foi muito difícil e penoso desfazer um casamento e uma parceria de 37 anos e enfrentar uma separação pública, ao mesmo tempo em que desvendava a complexidade da administração, a falta de recursos para enfrentar os inumeráveis problemas e o abandono em que a cidade se encontrava.

Tão difícil que, no primeiro ano de mandato, sofri duas cirurgias — de tireóide e apêndice. Logo eu, que nunca fico doente e não havia entrado em hospital a não ser para parir. Depois li numa pesquisa americana que existem algumas situações da vida prática que podem provocar colapso ou ataque cardíaco. Entre elas estavam perda de emprego ou emprego novo, divórcio ou separação e mudança de residência. Eu estava enfrentando todas ao mesmo tempo, e mais a perda da minha irmã caçula, Xina, dois meses antes da eleição.

Desde a conversa com minha mãe em 2001, o encontro com Luis e a perda de minha irmã, milhões de acontecimentos consumiram toda a minha atenção. Não fiquei mais doente, entendi a máquina, cavei recursos e usei a criatividade para poder investir e dar melhores condições de vida aos mais necessitados. A vida é curta, como disse minha mãe. Mas posso dizer que considero que a minha tem sido bem empregada.

São Paulo, janeiro de 2005

CAPÍTULO 1

O susto da chegada

As imagens da vitória nas eleições de 2000 e dos dias que se seguiram são como uma nuvem na minha lembrança. Na prateleira reservada a essas alegrias existe hoje um vazio persistente. Provavelmente isso se deve aos problemas pessoais que vivi no final da campanha, dos quais o mais traumático foi a perda de minha irmã, Xina, em agosto de 2000, em Paris, depois de uma cirurgia no cérebro seguida de coma profundo.

Xina já estava doente, e eu a acompanhara, meses antes, numa peregrinação por médicos e hospitais americanos. Tetê, nossa outra irmã, estava a seu lado em Paris, onde ela se submeteu à cirurgia de mais um angioma. Quando Tetê ligou para dizer que tudo tinha corrido mal e Xina estava em coma, custei a acreditar. Ela havia saído do Brasil bem e depois ainda visitou amigos em vários países, mas, durante a operação, um aneurisma se rompeu. Embarquei imediatamente, mas quando cheguei ela já não reconhecia ninguém. Ficamos juntas dois dias e voltei para a campanha. Xina faleceu durante meu vôo de volta. Foi terrível e não pude fazer o luto. O PT me sugeriu um afastamento de duas semanas, para retomar o fôlego, mas achei que seria pior. Não podia me permitir sentir a dor. Ou desmoronaria.

É pelos jornais da época que eu localizo a vibração da vitória. Posso percebê-la em minhas próprias palavras, no discurso de agradecimento, depois da apuração:

> Muito obrigada, São Paulo!
> As urnas falaram. O povo de São Paulo me elegeu prefeita da cidade. Foram mais de 61% dos votos válidos, a maioria do povo

trabalhador, dos cidadãos que amam a cidade, do povo humilde da periferia, mas também, e isto é significativo, um maciço voto da classe média, do empresariado, da juventude e da mulher paulista. Uma maioria expressiva, clara e firme que quer ver a nossa cidade dar a volta por cima. Para todos eles eu quero dar meu agradecimento e dizer: esta vitória é de vocês em primeiro lugar!

Minha eleição como prefeita de São Paulo vai muito além da vitória do meu partido. Se trata de uma vitória de todas as forças políticas e sindicais, democráticas e progressistas contra o representante do conservadorismo de direita preconceituoso, autoritário e desonesto. Foi uma vitória dos direitos humanos, das minorias, da dignidade das mulheres, da igualdade e do respeito. Foi uma vitória do bem contra o que foi produzido de mais nefasto para preservar a ignorância, a miséria e o atraso. Sim, a dona Marta é do PT. Ela é hoje também a nova prefeita de São Paulo e iremos governar contemplando os interesses e as necessidades de todos os paulistanos, especialmente os mais humildes, os mais pobres, os que mais precisam da ação pública para ter acesso a educação, saúde e transporte.

O descalabro foi tão profundo que nenhum partido sozinho poderá resolver os graves e difíceis desafios que teremos nos próximos anos. Conclamo a todas as forças que estejam dispostas a se unir para reerguer nossa cidade, a se dar as mãos numa cruzada paulista pela reconstrução de São Paulo.

Esta vitória é de todos nós, que amamos São Paulo. Muito obrigada pela sua confiança, muito obrigada pelo apoio dos homens e mulheres que querem uma nova cidade. Quero dizer uma palavra às pessoas que votaram em meu adversário. Serei a prefeita de todos. Não poderei estar governando apenas para os que votaram em mim. Portanto irei respeitá-los, com a consideração e a dignidade que merecem todos os que moram e visitam a nossa cidade. Essa é a essência da democracia, que queremos ver cada vez mais fortalecida em nosso país. Agora só resta trabalhar duro durante os próximos quatro anos para poder dizer: valeu, São Paulo!

São visíveis no discurso referências a situações da campanha. "*Sim, dona Marta é do PT*" respondia à tentativa de Paulo Maluf, meu adversário no segundo turno, de capitalizar a rejeição da elite e de parte da classe média ao PT. Mencionei o modo como Maluf se referia a mim para mostrar que eu assumia o meu partido com muita honra e condenar o tom de visível deboche da expressão "dona Marta" — um equivalente para a política ao "dona Maria" que as mulheres ouvem no trânsito.

Não foi a única manifestação de preconceito repetida durante a campanha. Houve insinuações contra a minha respeitabilidade e até a insistência em transformar sexologia, minha formação além da psicanálise, em sinônimo de pornografia. Mas, naquele momento, ele era o mal, eu era o bem, e todos os ventos sopravam a meu favor, ao ponto de eu não entender a prudência do pessoal da campanha mesmo depois que abri dez pontos de diferença em relação ao adversário. Era proibido afirmar isso em público, mas eu tinha certeza de que ia ganhar.

O Palácio dos desconfortos

Depois do apagão sobre os dias da vitória, lembro da alegria e do envolvimento das pessoas à minha volta — em especial, do vice-prefeito, Hélio Bicudo, figura central na defesa dos direitos humanos no Brasil e um dos fundadores do PT — na preparação do governo. O período que antecedeu a posse foi marcado pelo detalhamento do programa de governo e, sobretudo, pelas articulações, conduzidas por Rui Falcão, para garantir na Câmara dos Vereadores o apoio necessário à governabilidade. Deve-se aos esforços daquele momento a eleição para a presidência da Câmara do vereador petista

José Eduardo Cardoso, que se destacara na legislatura anterior por seu combate à corrupção.

Lembro de minha primeira visita ao Palácio das Indústrias, então sede da Prefeitura, no Parque D. Pedro, Pitta me recebendo no elevador de autoridades, e da minha impressão de que tudo naquele lugar era inadequado à eficiência e ao trabalho. As salas eram divididas por um labirinto de baias e o calor e o abafamento eram infernais. Só o gabinete do prefeito tinha ar-condicionado. Durante a campanha muito havia sido dito sobre a recuperação daquela região e a criação de um novo prédio no terreno, para modernizar e acomodar melhor os funcionários. Bastou alguns dias para perceber que, além de o prédio ser absolutamente não-funcional, a região ficaria melhor servida se o Palácio das Indústrias tivesse outra destinação. Lembrava que Maluf tentara, durante os quatro anos de sua gestão, mudar-se dali. Mas os problemas eram tão mais prementes que me acomodei na sala do prefeito e coloquei o assunto de lado.

Por uma questão simbólica, quis que meu primeiro ato de governo, no dia 2 de janeiro, fosse um almoço com o povo de rua, para assinar a regulamentação da Lei nº 12.316/1997, da vereadora Aldaiza Sposati, uma craque de renome internacional na assistência social, mais tarde secretária de Assistência Social, substituindo Evilásio Farias. Diz o primeiro parágrafo da lei: "O poder público municipal deve manter na cidade de São Paulo serviços e programas de atenção à população de rua, garantindo padrões éticos de dignidade e não-violência na concretização de mínimos sociais e dos direitos de cidadania a esse segmento social." Isso resultaria numa inédita rede de albergues, moradias provisórias, restaurantes e serviços de saúde.

Hoje eu talvez temesse a repercussão negativa de uma cerimônia desse tipo — não teria a mesma ousadia. Ou seria mais sensata. Mas, naquela época, estava tão de peito aberto que nem pensei no risco.

No final das contas, como era de se esperar, o almoço resultou em grande confusão, porque, ao se espalhar a notícia de que ia ter comida de graça, apareceram cerca de oitocentas pessoas, em vez dos sessenta moradores de rua convidados por entidades ligadas ao Centro. Chamados para ajudar, os bares e restaurantes da região nos socorreram oferecendo refeições, e não houve maiores tumultos. Mas, a não ser por esse aspecto, a imprensa me poupou. Eu ainda desfrutava de sua boa vontade.

Os primeiros dias na Prefeitura foram cheios de pequenas e grandes descobertas. A sala de almoço ficava a dez minutos de distância da cozinha, a comida chegava fria. Não dava para convidar ninguém. Recordo que a primeira visita de cerimônia que eu e o economista João Sayad, secretário de Finanças, recebemos, um embaixador, foi uma hecatombe. O garçom não ouvia a campainha; quando ouvia, levava dias para trocar o prato; João olhava para mim em pânico, eu olhava em pânico para ele. Depois disso, decidi levar a sala de jantar para junto da cozinha, onde havia um almoxarifado. Fizemos uma sala muito simples, mas, pelo menos, perto da cozinha. Elmira Nogueira Batista, ex-embaixatriz, chefe do cerimonial, zelou pelo bom andamento da nossa estrutura interna e logo adquirimos segurança para receber convidados sem risco de passar vexame.

O PT tinha sido governo na gestão Luiza Erundina, mas já fazia oito anos. Quando chegamos, estavam lá as duas secretárias do Pitta, que ficaram até arrumarmos outras, e uma copa com três garçons, todos funcionários de carreira, que me impressionaram bem pela absoluta discrição: jamais teceram qualquer comentário sobre os prefeitos que já haviam servido. Conhecíamos pouco a burocracia da Prefeitura. Segundo Sayad, que fora ministro do Planejamento no governo Sarney e secretário de Estado na gestão de Franco Montoro, a da Prefeitura era a mais atrasada de todas. Para piorar, nenhuma informação nos foi transmitida. Num encontro com Arnaldo Faria de Sá, secretário de Governo de Celso Pitta, para discutir a transição, a psicóloga Mônica Valente, minha chefe de gabinete, ex-dirigente da CUT, ouviu dele que o gabinete era mais ou menos decorativo e que as questões práticas eram tarefa da Secretaria de Governo.

Para implantar uma dinâmica mais compatível com os nossos propósitos, Mônica precisou se virar em soluções rápidas para a avalanche de demandas que nos chegavam todos os dias. Para começar, os pedidos. Cidadãos esperançosos com as possibilidades de um governo diferente inundavam a recepção da Prefeitura com pedidos de escola para o filho, emprego, posto de saúde, linha de ônibus. Fomos desenvolvendo aos poucos um método de trabalho, respondendo ao cidadão e ouvindo as demandas. Depois que Mônica se tornou secretária de Administração, no lugar de Helena Kerr do Amaral, que foi trabalhar com Lula, tive outros dois chefes de gabinete dedicados e competentes: Paulo Fiorillo, que em 2004 deixou o cargo para concorrer a vereador, e José da Rocha Cunha. Todos se desdobraram para atender as demandas de um cotidiano vertiginoso e de uma prefeita que queria estar em mais lugares do que era possível nas 24 horas de cada dia.

Criamos um sistema de agenda e montamos uma assessoria técnica que, inicialmente, ajudava a decifrar as pilhas de documentos que três assessorias jurídicas — uma técnica, uma parlamentar e uma de gestão — produziam a cada dia. Era um volume enorme de documentos para assinar. Com o tempo, essa assessoria ganhou novos integrantes e tornou-se um apoio fundamental para a tomada de decisões. Ao receber os secretários, eu já dispunha de um bom levantamento, feito por eles, sobre os assuntos a serem tratados em cada reunião. Faziam parte dessa equipe economistas, advogados, pedagogos e funcionários públicos de carreira, que trabalhavam sob a coordenação do sociólogo Branislav Kontic, o Brani, que veio da vice-presidência da Emurb, Empresa Municipal de Urbanização.

Era preciso que alguém registrasse minhas reuniões e atividades do gabinete, de forma que pudéssemos encaminhar e, depois, cobrar, as decisões tomadas. Quem se encarregou disso inicialmente foi o administrador Antonio Donato, ex-dirigente do PT, então integrante da assessoria técnica. Quando Donato assumiu a Secretaria das Subprefeituras, a tarefa passou a ser cumprida por José Rocha e, mais tarde, por Fabio Manzini. Essas anotações resultaram numa memória muito produtiva das atividades do gabinete.

Edson Ferreira, secretário particular, sempre disposto a escutar todos, contribuía para a harmonia do gabinete e aliviava minha carga. Meus anjos da guarda, Eliane Fortunatti e Renata Vieira da Cruz, que atuavam no anteparo da sala da prefeita, complementavam o time responsável pela eficiência nas nossas rotinas. Também faziam parte dessa rede os tenentes da Polícia Militar que me acompanhavam na segurança. Eu não conhecia, nem convivera até então, com nenhum policial. Foi um feliz aprendizado sobre dedicação e competência.

Logo ficou claro para mim que o secretário de Governo, Rui Falcão, teria um papel fundamental na dinâmica da administração. Incansável, ele cobrava o funcionamento de todas as áreas, fazia o governo andar e conduzia as relações com a Câmara dos Vereadores, uma tarefa especialmente delicada. Era importante para nós a boa convivência com os vereadores de todos os partidos, e Rui fazia isso com grande habilidade. Como advogado, ex-deputado e ex-presidente nacional do PT, Rui tem uma experiência bastante diversificada. Nos quatro anos de governo, encontrei nele um parceiro e um interlocutor leal, que, além de visão política, tem uma inesgotável reserva de bom senso.

Operação Belezura

Começamos a cotejar nossas promessas de campanha com a realidade de cada Secretaria. O vazio de autoridade era um sentimento generalizado. Existia uma expectativa enorme da população, já que a cidade voltara a ter comando. Enquanto tomávamos pé da situação, calculei que deveria tratar de pôr ordem nas demandas mais visíveis. No final de janeiro, lançamos a Operação Belezura, um esforço coletivo para limpar a cidade, apagar as pichações, cortar o mato e eliminar cartazes e placas irregulares. Naqueles primeiros dias convidei a população a participar comigo da limpeza dos muros do Estádio do Pacaembu. Poderia servir de inspiração para todos os paulistanos.

À frente da Secretaria do Planejamento, o urbanista Jorge Wilhelm, ex-secretário-geral adjunto da Conferência Habitat, da ONU, cuidou de todos os detalhes do evento, desde os 2 mil litros de tinta látex doados pelo Sindicato das Empresas de Publicidade Externa do Estado de São Paulo aos copos d'água distribuídos aos voluntários e funcionários da Prefeitura, das 1.500 camisetas com a inscrição "Voluntário Belezura" às sessenta lixeiras distribuídas ao redor do estádio. Funcionários da Secretaria do Verde podaram árvores e grama dos barrancos da Praça Charles Miller.

O diretor do Pacaembu ganhou a incumbência de percorrer toda a volta do estádio, a cada manhã, antes de entrar. Qualquer rabisco tinha que ser apagado de imediato. Deixamos várias latas de tinta. Ele as usou duas ou três vezes e depois os pichadores desistiram, pois seus garranchos não duravam nem 12 horas para lhes render aplausos dos companheiros. Convidamos Osgêmeos, grafiteiros que se tornaram assinatura cobiçada pelas galerias de arte internacionais — mas que na época ainda não eram tão famosos —, para pintar um fantástico painel no local. Em julho de 2008, quando a fachada do museu britânico Tate Modern estampava uma pintura da dupla, um de seus maiores painéis desapareceria sob uma camada de tinta cinzenta da operação Cidade Limpa, da Prefeitura, que alegou "um engano".

A cidade pulsava arrumação. Corri atrás de parcerias; uma das minhas alegrias foi a reforma da Praça Vinicius de Moraes, na frente do Palácio dos Bandeirantes. O então administrador regional do Butantã, Carlos Alberto Silva, depois subprefeito, conseguiu uma parceria com o Citibank para assumir o lago e o paisagismo. Ficou uma beleza. O problema seguinte foi que as crianças da favela vinham mergulhar no lago e corriam risco de se afogar. Final feliz: contratamos peruas que passavam na favela em horários combinados e levavam a molecada para nadar num centro esportivo da Prefeitura. Após uma fase de desconfiança frente ao serviço público, os parceiros privados começaram a aparecer.

Eu fantasiava que, se conseguíssemos levar os pichadores para aulas de pintura e grafite, eles desistiriam de sua ação destrutiva. Conseguimos atrair vários. Mas, ao contrário do que eu imaginava, não tinham nenhuma vocação para a pintura; buscavam a adrenalina da transgressão. Diante do enorme leque de atividades que oferecíamos, escolhiam teatro ou esporte. Ainda assim, alguns se envolveram em outras atividades e desenvolveram outras formas de expressão.

De todas as ações previstas na Operação Belezura, a mais problemática revelou-se a retirada dos cartazes irregulares. Naquela época, ao contrário do que aconteceria na administração Serra-Kassab, o Poder Judiciário era muito sensível às demandas dos anunciantes e dos proprietários de espaço publicitário — eles venciam sistematicamente todas as ações contra nós. Não foi a única frente em que esbarramos seguidamente em decisões judiciais. Uma das mais frustrantes foi a que mantinha nas mãos de invasores — clubes de futebol, bares e forrós — um grande terreno do INSS e da Caixa Econômica Federal na Cidade Jardim, onde queríamos criar um parque. Por diversas vezes obtivemos a reintegração de posse, mas, logo em seguida, ela era cassada por força de liminares. A partir do governo Lula, conseguimos avançar mais, e a gestão Serra-Kassab, que já encontrou a disputa judicial e os acertos com os órgãos federais praticamente concluídos, pode finalmente dar início à construção do parque, hoje Parque do Povo.

Enquanto isso, João Sayad me detalhava a dramática situação financeira de curto prazo da cidade, e a equipe próxima discutia como enfrentar a enorme expectativa da população. As pessoas mais simples ofereciam apoio, e mesmo as que tinham votado em outros candidatos olhavam o novo governo com esperança, já cansados do total abandono a que a cidade fora relegada nos dois últimos anos de Pitta.

Arregaçamos as mangas e mergulhamos no trabalho. Muitos meses se passariam até que pudéssemos usufruir novamente de um final de semana de lazer e tranqüilidade.

CAPÍTULO 2

Cemitério de automóveis

Nas primeiras semanas depois da posse — e por muito mais tempo do que gostaríamos —, todas as pessoas da equipe que vinham falar comigo no gabinete do Palácio das Indústrias traziam a mesma expressão de incredulidade. É claro que já contávamos, ao assumir, com o mau estado da Prefeitura, mas a extensão do desastre nos deixava perplexos — o rombo era muito maior do que poderíamos ter imaginado. A Prefeitura de São Paulo era uma ruína, e o diagnóstico se aplicava a tudo, do equipamento físico (ou à falta dele), à qualidade do serviço (ou à falta dela), ao (des)ânimo dos servidores.

A questão mais grave, porque nos amarrava as mãos diante das urgências e, o que é pior, ameaçava nossos projetos para o futuro, era a financeira. Quando ganhei a eleição, as idéias de como pretendia governar eram razoavelmente claras. Afinal, ganha-se com sonhos, esperanças e propostas concretas para melhorar a vida da população. Mas a cidade estava quebrada e endividada — e endividada permanecerá, por muitas gerações, como resultado do acordo firmado entre o ex-prefeito Pitta e o ex-presidente Fernando Henrique Cardoso. Uma das diversas perversidades do contrato era tratar São Paulo como estado, no que se refere ao valor da taxa de juros, e como município, no que toca ao índice de endividamento permitido — os estados podiam contrair dívidas equivalentes a duas vezes o seu orçamento, enquanto as cidades só podiam chegar a 20%. Outra maldade: o ônus do acordo só entraria em vigor na administração seguinte, quando Pitta já estivesse longe.

Pelo contrato, São Paulo deveria pagar à União 13% de seu orçamento mensal e, ao final de 2002, uma parcela extra de mais 3 bilhões de reais, que equivaliam a tudo o que teríamos para gastar com saúde e educação durante um ano. Se a cláusula não fosse cumprida, os juros da dívida sofreriam um acréscimo de 50%, retroativos à data inicial do contrato, passando de 6% para 9%. Era uma aberração: não tínhamos como pagar tal parcela e tampouco podíamos optar por não pagar a multa, pois os recursos de São Paulo provenientes do governo federal seriam seqüestrados. A resposta à primeira tentativa de renegociar com o governo federal, já nas primeiras semanas, foi curta e seca: "Não existe a menor possibilidade", disse o secretário do Tesouro, Fábio Barbosa. Tampouco se poderia mexer nos juros — na opinião do secretário, o acordo assinado era "satisfatório para ambas as partes"!

Com dinheiro ou sem, tínhamos de reorganizar a máquina, criar diálogo e atrair a participação dos paulistanos, recuperar a auto-estima e devolver a credibilidade da Prefeitura. Na saúde, especialmente, isso tudo parecia inalcançável. Com o desemprego na casa dos 20% no final do governo Fernando Henrique, a população precisava mais do que nunca de serviços gratuitos e a rede municipal estava em frangalhos. A missão de zelar pela saúde pública fora terceirizada, com a criação do Plano de Atendimento à Saúde, o PAS, e de suas cooperativas, que eram ao mesmo tempo prestadoras de serviços e gestoras do próprio funcionamento, abrindo as portas a níveis inéditos de corrupção.

O secretário de Saúde Eduardo Jorge, sanitarista e ex-deputado federal, que trabalhara na administração de Luiza Erundina, lembrava dos avanços que ela obtivera nessa área e tinha a medida exata da destruição. Os cinco hospitais que deixara prontos, perfeitamente equipados, estavam dilapidados, não apenas pela falta de investimentos mas também pelo roubo, puro e simples, de seu patrimônio. O tomógrafo do Hospital do Tatuapé, especializado em traumatologia, tinha 11 anos e fora apelidado de "Angra I", pois estava sempre em manutenção. Para serem examinados, os pacientes eram transportados de ambulância até outros hospitais. O aparelho de raios-X para arteriografia cerebral tinha quase vinte anos e os monitores de respiração e batimentos cardíacos não emitiam sinais sonoros. Os médicos tinham que prestar atenção à tela o tempo todo.

Precisávamos tremendamente dos recursos federais do Sistema Único de Saúde, mas São Paulo não integrava a rede do SUS. Demos início aos trâmites para que passássemos a pertencer à rede, mas isso ainda demoraria mais de dois anos para acontecer, e teríamos de recuperar um atraso de quase uma década sem investimentos. Além disso, pela legislação, a vigência do PAS ainda se estenderia até junho, e era preciso manter os serviços funcionando, para evitar o colapso total da saúde.

E, para tornar tudo ainda mais perigoso, havia o aumento dos casos de dengue, acenando com o risco iminente de uma epidemia.

Na educação, que eu tanto sonhava em transformar, o panorama não era menos melancólico. Faltavam professores e salas de aula. Assim, o tempo passado em classe era curto e o número de crianças em cada sala muito maior do que o recomendado. As escolas construídas às pressas ao fim da gestão Pitta não tinham carteiras nem — o que era mais grave — professores. Mas havia milhares de crianças já matriculadas para aulas que começariam em menos de um mês. Outras 24 mil crianças aguardavam vagas inexistentes em creches. Faltavam computadores, equipamento, tudo. O espólio Pitta, do qual Gilberto Kassab, prefeito de São Paulo a partir de 2006, foi secretário de Planejamento, incluía 56 escolas de lata, tristemente famosas por serem geladas no inverno, quentíssimas no verão e infernalmente barulhentas o tempo todo.

O transporte na cidade era dominado por máfias que faziam conluio com alguns sindicalistas, pressionando e decretando greves. Ônibus velhos, com mais de dez anos, em média, quebravam a toda hora e congestionavam o trânsito. Um dia, ouvi de uma enfermeira num hospital que visitei: "A roupa que eu visto chega suja ao lugar onde trabalho. Os ônibus são lotados e mal cuidados, e você ainda corre o risco de lhe passarem a mão."

Queria ver veículos novos rodando, queria que as pessoas pudessem viajar com um mínimo de conforto, com dignidade. Os perueiros clandestinos, então, formavam um mundo à margem, infringindo todas as leis, itinerários e regras. Suspeitava-se de que alguns eram ligados ao narcotráfico.

Cerca de 20% da população vivia em cortiços e favelas, parte delas em áreas de risco, sujeitas a alagamento ou a soterramento quando chovia forte. E, como tudo mais, a Defesa Civil estava desmantelada.

Uma imagem até modesta, se comparada à urgência dessas situações, retrata o absurdo que dominava o nosso cotidiano. Ao se instalar no prédio enorme que a Administração Regional da Sé ocupa até hoje, na Avenida do Estado no centro de São Paulo, a arquiteta Clara Ant, que aceitara meu convite para chefiar a Regional, parou, boquiaberta, à porta de um depósito. Empilhavam-se lá dentro quantidades industriais de óculos escuros, escovas de cabelo, bijuterias, perfumes, bonecas, carrinhos de controle remoto, robôs... Eram mercadorias recolhidas de bancas de camelôs. Por lei, não podiam ser vendidas nem doadas, por isso acumulavam-se ali, ano após ano, já que não havia nenhuma ação em andamento para dar solução ao problema dos camelôs. Não havia nenhum projeto para o Centro.

Com salários corroídos e à mercê de planos de carreira ultrapassados, os funcionários públicos eram um poço de ressentimento e desânimo, campo fértil para enfrentamentos e greves. E como até 2001 a folha de pagamentos da Prefeitura era quase inteiramente feita à mão — nada era informatizado na estrutura administrativa! —, pequenos erros viravam, ao fim de algum tempo à espera de correção, ações judiciais, e a todo instante éramos obrigados a pagar, da noite para o dia, grandes quantias, que aumentavam a nossa penúria.

Numa das primeiras visitas que fiz às Administrações Regionais, vi dezenas de carros amontoados no pátio. Todos quebrados. Perguntei ao funcionário que me acompanhava por que não se desvencilhavam daqueles que não tinham mais conserto. A resposta foi estarrecedora: não podiam vendê-los porque não tinham motor nem documentação. O que se via ali eram apenas carcaças. O pátio da Prefeitura transformara-se num cemitério de automóveis.

Como o governo não renovava a frota havia quase uma década, faltavam veículos para o trabalho diário e os poucos que restavam estavam em péssimas condições, com pneus gastos e necessitando de consertos. Na Administração Regional da Sé, achavam Clara Ant privilegiada porque se deslocava num Gol de duas portas comprado no governo de Luiza Erundina, 12 anos antes. O secretário da Habitação, Paulo Teixeira, queixou-se comigo de que os carros eram raridade em sua Secretaria, e que o dele obrigava os usuários a fazerem manobras complicadas para desembarcar: as portas só se abriam por fora. Algumas inspeções do Departamento de Controle de Uso de Imóveis, o Contru, eram feitas de táxi ou de ônibus, e as novas Secretarias, como a do Trabalho e Solidariedade e a de Relações Internacionais, não dispunham nem de veículo nem de um tostão para táxi. Uma tarde, vi Ana Fonseca, socióloga que trabalhara na ONU, coordenadora do Programa Renda Mínima, chegando esbaforida para um encontro na periferia. Contou-me que acabara de descer do segundo ônibus. Esse era o clima de dedicação.

Contribuições preciosas

O estado dos automóveis deu ensejo a um episódio comovente, que jamais esqueci. Sérgio José Teixeira, mecânico que tinha oficina na Avenida dos Bandeirantes, no Brooklin, procurou a Administração Regional de Santo Amaro e se ofereceu para consertar, depois do expediente, os cerca de setenta veículos encostados no estacionamento da Administração Regional de seu bairro. De graça. Houve outras ofertas generosas naqueles anos, por parte da população e de funcionários dispostos a contribuir sem nenhuma perspectiva de recompensa. Percebo hoje que gestos desse tipo me ajudaram a manter o ânimo e compensaram as asperezas do trabalho de governante. Nos primeiros seis meses, experimentei, além desse encorajamento, a felicidade de ter a imprensa a favor — não há nada mais gostoso do que governar com apoio.

Quis ser uma prefeita presente na vida cultural da cidade. Além dos compromissos oficiais, eu ia aos lançamentos de teatro, às exposições, e não deixava de ir ao cinema, que é a coisa de que mais gosto. Então, vivia sempre exausta. E não era um cansaço físico, somente, era também mental; era a sensação de carregar o mundo nas costas. Um pouco parecida com a que eu vivia quando trabalhava no programa *TV Mulher*, da Globo, nos anos 1980. Durante seis anos vivi aquela obrigação de deitar cedo, porque, às 7 horas da manhã, já precisava estar com boa cara, o rosto desinchado, o cabelo em ordem. Essas coisas de que os apresentadores dos telejornais da manhã reclamam. Fazem parte do trabalho e, na hora, você não dimensiona, mas depois que você sai e olha para trás, pergunta — puxa, de onde tirei forças?

Jamais me ocorreu que eu pudesse não dar conta do desafio. Mas acreditava que, além de arrumar rapidamente o básico e de mexer na Prefeitura para que ela funcionasse melhor, precisávamos criar uma marca, porque governo não existe sem marca e eu queria que a minha fosse enraizada no social.

Não me faltavam vontade nem confiança, mas como fazer, sem um tostão, uma marca social numa cidade de quase 11 milhões de habitantes?

CAPÍTULO 3

Na política, até a medula

Ao chegar à Prefeitura eu lembrava com freqüência das lições que aprendi na televisão. Via as urgências e me angustiava de não ter respostas imediatas, porque faltava dinheiro para prestar o socorro necessário. Havia 2,5 milhões de pessoas morando em cortiços e favelas, alguns milhares delas tinham as casas sistematicamente inundadas durante as enchentes. Eu batia à porta do ministro — porque era preciso ter o aval do governo federal para fazer um empréstimo — e ouvia: "Não vai dar, não vai ser possível." O que fazer? Chegamos a entregar um detalhado estudo mostrando que, sem a cooperação das três instâncias governamentais e sem vultosos investimentos, não conseguiríamos dar conta da trágica situação dos paulistanos moradores de locais de risco. Mantendo o patamar de investimento que fazíamos, somente em 26 anos resolveríamos o problema.

A angústia de resolver o mundo

Ao estrear em 1986 o quadro "Conversando sobre sexo", no *TV Mulher*, com retumbante repercussão em todo o país, eu recebia cartas de mulheres, dos lugares mais distantes, que me pediam ajuda para todo tipo de problema. Não era incomum receber mensagens trágicas, que me deixavam na maior agonia. Não esqueço de uma que se tornou para mim um marco. Era de uma jovem que dizia que ia se matar se não conseguisse fazer um aborto. Como poderia fazê-la pensar melhor sobre ter ou não ter aquele filho? Como ajudá-la? Foi um longo aprendizado perceber que eu poderia ajudar, sim — dentro dos meus limites.

Um dia, recebi uma carta de uma moça de Mato Grosso, perguntando se eu podia arrumar um marido para ela. Tinha 18 anos, era mãe solteira, trabalhava na roça, lavava, passava, cozinhava para sua família de 12 pessoas. Pedia para eu dar seu endereço no ar, pois, se tivesse algum interessado em ser seu marido, a vida ficaria mais fácil. Respondi que a primeira coisa que ela deveria fazer era pegar o filho, sair da roça e arrumar um trabalho na cidade. Porque aí poderia arrumar um emprego, estudar e melhorar de vida. Depois de alguns dias, caí em mim ao receber uma carta indignada de outra telespectadora. Perguntava onde eu estava com a cabeça, em que mundo eu vivia para dizer tamanha bobagem... Será que eu ponderava o que é que ia acontecer com a moça, se ela viesse para a cidade com o filho? Que trabalho ela arranjaria? Provavelmente — alertava a telespectadora — "ia cair na vida".

Percebi o tamanho de minha imprudência e pretensão. Pedi desculpas no ar e, um pouco constrangida, dei o endereço da moça, para o caso de algum pretendente querer procurá-la. Passaram-se oito ou nove meses e recebi uma carta dela falando que, graças a eu tê-la mencionado no programa, tinha se juntado com um viúvo, que tratava a ela e ao filho muito bem, e que agora tinha geladeira, televisão, tudo, e que nunca fora tão feliz em toda a vida. Ou seja: quem era eu para determinar o que é melhor para vida de uma pessoa? Eu tinha ignorado a realidade dela, a perspectiva e os sonhos dela.

Demorou até que eu descobrisse que, não importa qual fosse a minha opinião sobre as decisões alheias, não fazia parte das minhas atribuições cuidar pessoalmente dos problemas dos telespectadores. Não era sequer da minha competência. Você não é responsável pelo mundo; é responsável pelo que pode fazer pelo mundo. Tem que oferecer o máximo ao seu alcance e aceitar que nem tudo está em suas mãos.

Você tem que ser capaz de continuar dormindo à noite. Na Prefeitura, precisei mais do que nunca exercer essa capacidade, sobretudo naquele primeiro momento.

Condoleezza e o sonho feminino

Entrei na política tarde. Eu gostava muito da minha vida, do meu trabalho. Gostei de participar do *TV Mulher*, terminei minha formação como psicanalista, tinha o consultório lotado, escrevia livros. Acompanhei muito o movimento político, mas não pensava em me candidatar a nada. Quando Eduardo se tornou político, eu já tinha uma vida pública, graças ao *TV Mulher*, e trabalhara em todas as suas campanhas e as do PT, em algumas delas batendo de porta em porta, com bons resultados.

Lembro de uma reunião em minha casa, em que estavam Fernando Henrique Cardoso, Francisco Weffort, meia dúzia de intelectuais brilhantes e um rapaz de barba, que era Lula. Foi antes da fundação do PT — ainda era MDB. Eu servia o cafezinho. Notei que todo mundo falou, mas Lula mal abriu a boca. E quando chegou no fim, ele resumiu tudo o que os outros haviam dito e encaminhou o que toda aquela turma não havia conseguido propor. Dava para perceber que ele não era uma pessoa comum. Outro dia encontrei uma foto bonita do ato de fundação do partido, no Colégio Sion, publicada num livro sobre a história do PT. Apareço atrás de Lula com o psiquiatra e ex-deputado estadual João Baptista Breda.

Em 2008, como ministra do Turismo, ajudei a recepcionar a secretária de Estado Condoleezza Rice, em visita à Bahia. Em uma mostra de projetos sociais patrocinados pela USAID (United States Agency for International Development), agência do governo americano para o desenvolvimento internacional, uma moça muito jovem, afro-brasileira, participante do projeto, pediu licença para fazer uma pergunta à visitante. A comitiva já tinha se distanciado e ficamos, Condoleezza, o tradutor e eu, ouvindo a jovem: queria saber que habilidades a secretária precisara desenvolver para chegar a um dos cargos mais importantes do mundo. Condoleezza, que é formada em Harvard e em outras conceituadas universidades americanas, respondeu que se tratava de uma questão de ter metas e determinação em persegui-las. Disse também que o mais importante de tudo é nunca colocar limites aos próprios sonhos.

Com vergonha de insistir, mas vencida pela curiosidade, a jovem quis saber se ser mulher e negra tinham dificultado o caminho da secretária de Estado. Condoleezza ouviu com atenção e explicou que, no começo, isso era a primeira coisa que as pessoas viam, mas, com o passar do tempo, outras informações a respeito dela passaram a ter mais peso. "O importante é sempre acreditar que você pode." A mocinha sossegou e eu fiquei encantada.

Uma jornalista a quem contei essa história me perguntou o que a jovem baiana havia me perguntado. "Nada", respondi, surpresa por ela não perceber que a moça não tinha qualquer motivo para se interessar pela minha trajetória "branca e loira". Os modelos femininos brasileiros com os quais ela poderia se identificar são, na maioria, atrizes ou cantoras. Pouquíssimas profissionais liberais ou políticas. Condoleezza oferecia uma oportunidade única para ela conseguir esse tipo de informação. E ela obteve uma que considero preciosa: sonhe e busque o seu sonho. Sem limites.

Hoje me arrependo de não ter entrado mais cedo na política. Tinha os filhos pequenos, um trabalho fascinante e via Eduardo levantar da cama às 4 da manhã para resolver problemas na periferia, e ter reuniões do partido e encontros nos finais de semana que, definitivamente, não me seduziam. Também avaliava que poderia colaborar mais com ele do jeito que eu fazia, e que minhas atividades também eram um modo de construir um mundo melhor, além de angariar força para o meu partido.

Entrando na disputa

A cada quatro anos o PT me convidava para me candidatar a deputada federal. Eu recusava. Foi um convite diferente que mudou meu rumo e, até, meu destino. Em 1994, depois de haver recusado mais uma vez a concorrer a deputada, passados uns dias, o partido me convidou para sair candidata a vice-governadora, na chapa do José Dirceu. Até então o "não" fora automático, mas, diante da idéia nova, pedi para pensar. Era sexta-feira e fiquei de dar a resposta na segunda. Na hora em que abri a janela, até então fechada, para pensar no assunto, percebi que aquele poderia ser o momento certo para ingressar na política; não como vice, mas aceitando o convite para ser deputada. Meus filhos estavam grandes, meu marido morava havia anos em Brasília, e seria bom estarmos juntos durante a semana. Poderia me dedicar — de um jeito que, como cidadã, eu já tinha esgotado — a assuntos como os direitos da mulher e do homossexual, as políticas de prevenção do HIV e o tratamento de AIDS. Eu estava chegando aos 50 anos; seria um desafio e uma mudança interessantes na minha vida.

Quando manifestei minha intenção ao PT, disseram que lamentavam, mas a lista para deputados já estava fechada. Ia ser complicado abrir, tinha muita gente, ia dar confusão. Propuseram-me ser candidata ao Senado. Argumentei que sendo Luiza Erundina a candidata, eu não poderia fazer parte da chapa sem consultá-la. Telefonei para Erundina, e ela disse que, se eu me candidatasse, não concorreria. Nesse caso, nem pensar, garanti: "Você foi prefeita, tem uma história política. Eu não tenho nenhuma experiência anterior. Respeito sua avaliação e estou fora." Comuniquei ao partido que estava encerrada a conversa. Alguns dias depois eles ligaram: "Tudo certo. Você concorre a deputada federal."

Já era maio e quase não havia mais tempo de fazer campanha. Todas as "dobradinhas", que permitem fazer uma campanha menos custosa, principalmente no interior, já estavam feitas. Entretanto, quando meu nome foi divulgado, comecei a receber ligações de todo o Estado. Assim que as mulheres ouviam falar que eu ia sair candidata a deputada federal, diziam aos candidatos a estadual que fariam suas campanhas — desde que a federal fosse eu. Eles eram praticamente obrigados, então, a fazer dobradinha comigo. A campanha custou um décimo do que custavam as demais. Não tinha comitê, foi tudo na minha casa. Uma amiga, Susy Prado, psicóloga, era a dirigente. E eu fui a quarta mais votada, tendo votos em quase todas as cidades. Fui para Brasília com muita animação fazer exatamente o que propusera, sem pensar muito se ia continuar na carreira. Simplesmente fui lá experimentar o que pensava ser adequado para aquele momento de minha vida. Se desse certo, eu continuava, se não desse, voltava para São Paulo.

De olhos bem abertos

Lembro de estar uma vez na Comissão de Saúde, em companhia de políticos experientes, como Eduardo Jorge, Jandira Feghali, Rita Camata e Roberto Jefferson, e de olhar em volta e não saber a hora em que deveria falar, como agir. Eu não sabia nada. Nunca tinha ocupado nenhum cargo eletivo: vereadora, deputada, nada. Não conhecia a liturgia. Eu olhava Rita Camata, que é uma boa deputada, tão mocinha — deve ter vinte anos menos que eu — e pensava: meu Deus, como desperdicei tempo! Em todo caso, meu aprendizado anterior — desde viver e estudar no exterior, conhecer outras culturas e aprender línguas, até o consultório e a televisão — me credenciou para ter uma abordagem diferente no Parlamento. Então, apesar de não conhecer os procedimentos, eu observava com olhos muito treinados na compreensão do ser humano. Lembro que um deputado me falou: "Marta, não fica agoniada, porque nos primeiros dois anos você vai aprender como funciona. Depois você vai tentar fazer uns projetos, e não vai conseguir aprovar, porque é uma deputada nova. Mas depois, na segunda legislatura, você já saberá tudo o que é preciso para emplacar seus projetos."

Quatro anos depois, eu tinha feito a Lei das Cotas, que obriga os partidos políticos a terem mulheres candidatas e tinha aprovado o projeto da Parceria Civil em todas as comissões — ele estava, e ainda está, no plenário para ser votado. O mandato tinha sido um êxito e eu podia me reeleger sem fazer campanha.

Comícios com Lula

Gosto de escrever artigos e livros e de dar aulas e palestras, mas não tenho facilidade para escrever discursos nem falo bem em palanque. Durante uma manifestação de grevistas em frente ao Congresso Nacional, lembro de subir com Jandira Feghali num caminhão de som e vê-la levantar o público. Não sei fazer isso. O máximo que consigo é explicar algumas coisas sem tom de comício e, se estiver muito envolvida, como aconteceu, mais tarde, na defesa dos CEUs, Centros de Educação Unificados, e dos uniformes, falar com empolgação. Defender a educação integral para os mais pobres e os uniformes de primeira qualidade não era nada difícil e eu fazia bem. Me empolgava, mesmo, ao repetir que as crianças tinham que ter uma roupa que "a mãe lava, lava e lava e continua nova, passando depois para o irmãozinho".

Na campanha presidencial de 2006, via Lula discursar em dois ou três lugares diferentes e ir adaptando o mesmo discurso. Falar várias vezes no mesmo dia, além de muito chato, permite que algum companheiro que já ouviu o discurso e gostou dele se aproprie daquelas idéias e deixe você subitamente sem assunto, em pleno palanque. Quando chega sua vez de falar, é preciso ser muito criativo. E Lula é. Nesse dia, em Campinas, já estávamos exaustos e milhares de pessoas nos aguardavam em uma praça. Lula começou de mansinho, falando do programa Brasil Sorridente, que começara a criar e prometia ampliar num segundo mandato. Disse que estava pensando no pobre, que, quando tem dor de dente, não tem como resolver. Olhava para a multidão, que seguia suas palavras concordando com a cabeça, totalmente conectada. E continuou: "A gente passa pomada para ver se melhora, apela para umas cachacinhas e, se não tem mesmo jeito, arranca, fica sem dente. Rico não arranca dente. Ele cuida. Eu quero que o povo brasileiro possa ir ao dentista." Eu olhava o povo, fascinada com a interação. Alguns abriam a boca e apontavam a falha dentária. Dos políticos que conheço, só Lula pode fazer esse discurso, pela autenticidade e jeito de se comunicar.

Nessa mesma campanha dei uma reclamada com o presidente. Algumas vezes, quando queria me elogiar, descrevia-me como uma mulher que traiu sua classe ao defender o interesse da maioria pobre. Pedi que não falasse mais isso em comícios. Não me sinto traidora, apenas busco um mundo mais justo. Ele não falou mais e começou a colocar outro ponto de vista: "Perdeu a eleição porque governou para os pobres." Talvez tenha razão e este seja um dos motivos que me levaram a perder. Lula ganhou porque fez um governo para os que têm menos, mas São Paulo não é o Brasil. O assunto merece um estudo e é mais complexo do que essas razões dão conta de explicar.

Unidas venceremos

No Parlamento, aprendi que não se chega a canto algum sem apoio. Na prática, isso significa que quanto mais se puder dividir os louros, maiores serão as chances de aprovar um projeto. Lançamos a campanha nacional Mulheres Sem Medo do Poder. Viajei para muitos estados, suprapartidariamente, a convite das deputadas, para divulgar a idéia. Uma vez embarcamos, várias deputadas e senadoras, para fazer a campanha das candidatas de Goiás. Fomos recebidas na Assembléia Legislativa. O último discurso seria o da senadora Benedita da Silva. Fiquei preocupada: o que ela poderia acrescentar depois de oito longos discursos?! Benedita se levantou e, com a força de sua postura e a voz que Deus lhe deu, entoou um *gospel*, resumindo o que havia sido dito e louvando as mulheres. Foi a maior ovação. Coisa bacana e bem de mulher.

Também guardei para sempre cenas da campanha no Pará, quando descíamos num bimotor em pistas de terra que eram, geralmente, a única rua de cidadezinhas em ilhas fluviais. Fomos recebidas numa delas pela professora local, candidata que enfrentava uma poderosa família política, instalada no poder havia muitas gerações. Na hora de aterrissar, vi cachorros atravessando sossegadamente a "pista" e perguntei ao piloto se não havia perigo. "Não se preocupe, deputada", disse ele. "Só uma vez um menino correu na frente e teve a cabeça decepada. Nunca mais aconteceu nada." Engoli em seco e rezei baixinho. Fazíamos encontros debaixo das árvores, pedindo votos. Falávamos da importância da candidatura de mulheres e da falta que fazia o olhar feminino, infimamente representado no Parlamento.

No Congresso brasileiro, as mulheres ocupam 9% das cadeiras, empatando com os países árabes em matéria de fraca representação. A título de comparação: o Parlamento argentino tem 40% de mulheres, o alemão 31% e a Assembléia Popular da China 20%.

Você apresenta um problema a um homem e ele privilegia um aspecto; a mulher outro. Daí a importância de percepções tão diversas serem ouvidas. As mulheres dão maior ênfase à cooperação, ao que se chama *network*. São atentas ao sofrimento e às relações humanas. Suas respostas e soluções são criativas. Existem pesquisas e trabalhos muito interessantes sobre essas diferenças,* fruto do desempenho, por muitas gerações, de diversas tarefas ao mesmo tempo. São as mulheres que cuidam de doentes, de idosos e, sobretudo, de crianças. São elas, também, que esticam com criatividade o orçamento doméstico, tantas vezes curto para as necessidades familiares.

Dividindo a maluquice

Um dia, Lula me ligou para perguntar se eu não queria me candidatar a governadora. Palocci, que era o escolhido e já estava na propaganda eleitoral do partido, não decolava, Genoíno queria mais um mandato de deputado federal e Eduardo não achava que o momento fosse propício para nova candidatura. Ambos almejavam disputar a Prefeitura em 2000. Se concorressem, iam ter de abrir mão dos mandatos, e, se perdessem, sairiam enfraquecidos para a disputa municipal. Apareceram algumas pesquisas, surpreendentemente, com meu nome bem colocado. Na verdade, todo mundo imaginava que iríamos sofrer uma surra danada, e, ao contrário dos outros possíveis candidatos, eu podia arcar com o risco de ser vencida. Eu, que não me via numa carreira política a longo prazo, achei que meu perfil poderia ter apelo

---

* *O que é uma mulher?*, da filósofa francesa Elisabeth Badinter (Editora Nova Fronteira, 1994) examina o que é cultural e o que é genético no comportamento feminino.

e, ao contrário deles, me interessei, e passei a estudar os problemas do estado com entusiasmo.

Como tive a oportunidade de aprender, eleição não é só ganhar ou perder. Um político pode perder uma eleição e sair muito arranhado. Ou perder e sair maior do que entrou. Foi o que aconteceu comigo na eleição para governadora.

Disputei com garra, acreditando nas propostas e na pequena brecha que acreditava existir. Foi uma disputa dificílima, pois o PT não tinha recursos e os adversários — Maluf, Covas e Rossi —, já haviam ocupado cargos no Executivo e eram amplamente conhecidos. Covas estava no governo. Enquanto os outros candidatos se locomoviam de avião e de helicóptero, eu percorria o Estado de automóvel. Depois de um tempo, conseguimos um pequeno avião, em que somente eu e a assessora de imprensa Ana Maria Tahan tínhamos coragem de voar. Não foram poucas as vezes que, com forte dor lombar, tive que ser carregada do carro. Mas, entre todas as campanhas que já fiz, esta foi a mais animada, densa, nervosa e promissora. Não fui para o segundo turno por 0,4% dos votos. Faltaram 70 mil votos num universo de milhões! Dois anos depois eu derrotaria Maluf na disputa para a Prefeitura.

Às vésperas da eleição saiu uma pesquisa indicando que Maluf e Rossi estavam em primeiro lugar, seguidos por Covas, enquanto eu aparecia em quarto lugar, na rabeira. Não era o que eu sentia nas ruas. O crescimento a olhos vistos me fazia pensar uma virada à la Erundina. A pesquisa levou ao voto útil. Quando abriram as urnas e os eleitores perceberam o engodo do qual tinham sido vítimas, a indignação foi geral. As pessoas se sentiam manipuladas, enganadas. A sensação de "tapetão" tomou conta da cidade. A revolta e o desejo de "dar o troco" eram tão grandes que Genoino e Suplicy, considerados até então candidatos ideais para disputar a legenda para a Prefeitura no ano 2000, vieram os dois no mesmo dia, dizer-me que não havia mais clima para outra candidatura.

No dia do anúncio da derrota, Serra me ligou. Como era do PSDB e a pessoa mais próxima a mim, pedia apoio a Covas no segundo turno. Lembro que fiquei muito brava e lhe disse que apoiaria, com certeza, mas, depois da manipulação de que eu havia sido vítima, teria sido melhor ele esperar um dia, até que eu digerisse a situação, antes de fazer o pedido.

Apoiei Covas com entusiasmo e creio que fiz diferença no resultado. Dois anos depois, em 2000, quando disputei a prefeitura e ganhei de Alckmin no primeiro turno, Covas fez questão de me dar seu apoio contra Maluf e suspendeu o dia de sua internação — já estava muito doente — para poder testemunhar a meu favor no Sindicato dos Jornalistas. Certos gestos são inesquecíveis.

Ao contrário do que imagina a maioria das pessoas, a política oferece poucas compensações financeiras e impacta duramente a vida familiar, porque exige dedicação permanente e, conforme o cargo, nos faz passar muito tempo longe de casa. Ninguém é vítima, são apenas loucos. Digo "são", em vez de "somos", porque faz pouquíssimo tempo que partilho dessa maluquice. Mas é engraçado: depois que você passa a fazer parte, ela se torna o mais palpitante dos assuntos.

Como mulher de político, compartilhava as agruras das esposas. Como deputada, fazia com prazer meu trabalho, mas foi como prefeita que me apaixonei como eles. Mesmo assim, ainda guardo minha sanidade, pois a vida é linda e adoro seus prazeres.

Duro aprendizado

Tive que dar uma grande reviravolta. Fazer política — hoje sei — é o caminho inverso do que eu tinha trilhado nos primeiros quarenta anos da minha vida. Um psicanalista busca a verdade, um político precisa esconder o que pensa até o momento em que for do seu interesse saberem o que lhe passa pela cabeça. E isso é muito difícil para mim; até hoje peno. Tenho esperança de melhorar, pois, como psicanalista, um dos meus maiores aprendizados foi controlar a fala, o *timing* da interpretação para o paciente. Assim como na política, falar na hora certa é fundamental. Quando o paciente não está preparado para uma interpretação do analista, não pode se apropriar dela nem usá-la para o seu crescimento. A interpretação pode simplesmente se perder ou ter o peso errado. Na política, falar demais pode produzir um dano maior. Eu ainda escorrego.

A política é o instrumento mais nobre do ser humano. Como já devem ter dito antes, sem ela não existe transformação. Mas a política não acontece apenas nos partidos, nos Parlamentos e gabinetes: ela é feita da música do Chico Buarque, do cidadão indignado que reclama de um serviço nas seções de leitores, da professora que alfabetiza uma criança. Eu estou mergulhada nela até a medula.

CAPÍTULO 4

O governo toma forma

O Renda Mínima, lançado em abril de 2001, foi o primeiro passo em direção à marca social que eu queria imprimir à gestão.

Desde os primeiros esboços do programa de governo, ele já era uma das nossas prioridades. Durante a campanha, Eduardo Suplicy, uma das maiores autoridades no assunto, coordenava um grupo de trabalho destinado a levantar possíveis maneiras de aplicá-lo em São Paulo. Quando ganhei a eleição, convidei o sociólogo Marcio Pochmann, da Unicamp, ex-assessor do ministro do Trabalho Walter Barelli, no governo Itamar Franco, que me chamara a atenção por seus artigos sobre inclusão, para criar a Secretaria que ia implantar os programa sociais. Ele já recebera outros convites para cargos executivos, mas o modo tradicional de desenvolver esses trabalhos lhe desagradava, porque acabava perpetuando a pobreza. Coloquei a perspectiva de implantar uma maneira nova e ele se entusiasmou.

Mais do que incluir as pessoas nos programas de transferência de renda, queríamos torná-las capazes de sair deles. Por isso o Renda Mínima era parte de um conjunto de ações, formado pelo Bolsa Trabalho, para possibilitar que jovens continuassem estudando; Operação Trabalho, para capacitar pessoas de 21 a 39 anos e estimular empreendimentos populares; e o Começar de Novo, para reintegrar ao mercado cidadãos de mais de 40 anos que estivessem desempregados. Estes eram os chamados programas redistributivos. Seriam complementados por dois outros tipos de ações: as emancipatórias e as desenvolvimentistas. A primeira categoria compunha-se do Oportunidade Solidária, que oferecia incubadoras de cooperativas e pequenos negócios; o São

Paulo Confia, um sistema de microcrédito; e o Capacitação Ocupacional. E os programas desenvolvimentistas eram o Desenvolvimento Local e o São Paulo Inclui, que cuidavam de fazer a intermediação entre a força de trabalho e a economia e detectavam as oportunidades de negócio e o espaço para o trabalho autônomo na cidade.

Gosto das imagens de Marcio para falar da importância dessas políticas. "As pessoas que vivem na pobreza são prisioneiras do curto prazo", ele escreveu. "Precisam ser libertadas da tarefa angustiante de encontrar o que comer naquele dia, para enxergar uma perspectiva de vida." Agradou-me também a possibilidade de mostrar que a pobreza não é um fracasso individual, mas o resultado de uma realidade mais ampla. Sem resgatar a auto-estima das pessoas é impossível tirá-las da condição de vítimas para torná-las, além de donas da própria vida, agentes de transformação da realidade. Isso é uma coisa que eu já sabia muito antes de chegar à política

O peso opressivo da exclusão me faz lembrar de uma cena que presenciei durante a campanha, quando entrei em contato com a gigantesca pobreza e o desamparo da periferia. Em visita a uma favela, entrei no quartinho onde moravam uma mulher e cinco crianças e vi o guarda-comida vazio, a não ser por um punhado de açúcar num prato. Perguntei como iam comer naquele dia e ela me olhou com olhos tão vazios quanto o guarda-comida. Lembro do meu desespero, pedindo para alguém providenciar algo para eles, mas sabendo que só iria ajudar a vencer a fome daquela noite. Essa foi uma das inúmeras vezes que chorei. Se eu tivesse alguma dúvida sobre a necessidade do programa de Renda Mínima, ele teria acabado ali.

A Secretaria do Trabalho e Desenvolvimento Social, que propus a Marcio, ainda não existia. Enquanto cuidávamos de aprová-la na Câmara Municipal, ele começava a operar com uma pequena equipe e recursos mínimos, numa sala da Secretaria de Finanças, no Edifício Andraus, no Anhangabaú. Ana Fonseca, que fizera parte do grupo de estudos sobre o tema, foi trabalhar com ele. Outros profissionais que haviam trabalhado com Marcio no Dieese, Departamento Intersindical de Estudos Econômicos, órgão de assessoria ao movimento sindical, viriam se juntar mais tarde ao grupo. Marcio estudara na França, na Itália e na Inglaterra, e fora observar políticas de garantia de renda na Cidade do México e de microcrédito na Bolívia. Teoricamente, estávamos todos muito bem preparados para agir, a não ser pelo fato de que ninguém jamais implantara um programa daqueles numa metrópole do porte de São Paulo. Não sabíamos por onde começar.

A primeira providência da Secretaria foi identificar, na pobreza oceânica da periferia, os primeiros beneficiários do Renda Mínima. Os recursos eram pequenos — 64 milhões, inicialmente — e não queríamos pulverizá-los por todos os distritos, pois perderíamos a visão de seus efeitos. Escolhemos aqueles que exibiam a maior incidência de desemprego, violência, baixa renda, baixa escolaridade e população jovem. É complicado estabelecer esse *ranking*, porque existem enclaves de extrema pobreza em bairros de classe média e até na vizinhança de bairros nobres — como a favela de Paraisópolis, no Morumbi — que as estatísticas não captam. Em seguida, era preciso descobrir as famílias e cadastrá-las uma a uma. Sugeri ao Marcio que começasse pelas igrejas de todas as religiões, porque todas têm algum tipo de trabalho social. Duas semanas depois, ele voltou, chocado: "Marta, desse jeito não vai dar. A notícia correu e tem muito vereador indicando gente nas igrejas..."

Depois de quebrar a cabeça em busca de um método mais confiável, decidimos usar a estrutura pública: escolas, postos de saúde, Administrações Regionais. Treze Secretarias cederam pessoal para ajudar e foi inesquecível a boa vontade dos funcionários públicos, que havíamos encontrado tão desanimados. Médicos, professores, assistentes sociais, administradores e bibliotecários, entre outras categorias, trabalharam sábado, domingo, noites adentro, registrando candidatos ao Renda Mínima.

Ao contrário do que se fazia tradicionalmente, não concentramos os postos de inscrição no Centro. Assim, poupamos aos interessados longas viagens de ônibus e as costumeiras filas. A Prefeitura foi até os bairros. Isso era importante dentro do nosso objetivo de dar ao programa um caráter cidadão, sem qualquer semelhança com assistencialismo.

Outras áreas do governo estavam buscando maneiras de melhorar a vida dos paulistanos, apesar dos nossos parcos recursos. Jilmar Tatto, então secretário de Abastecimento, posteriormente deputado federal, foi visitar uma escola na hora da merenda — Escola Paulo Freire, em Paraisópolis — e viu as crianças morderem os biscoitos waffer que tiravam de uma enorme bacia e os largarem, desinteressadas. "Todo dia tem a mesma coisa, já enjoaram", explicou uma professora. Embora algumas escolas oferecessem refeições, a maioria dava às crianças a chamada "merenda seca" — leite, uma fruta e uma bolacha.

É claro que tínhamos pensado em oferecer uma alimentação de qualidade, mas não haveria nenhuma possibilidade de conseguir dinheiro para isso se Tatto não tivesse uma inspiração. Ele verificou que, trocando a embalagem usada no programa Leve Leite — em vez de uma lata, um saco plástico —, faríamos uma economia de 2,5 milhões de reais por mês. E esse dinheiro foi imediatamente transformado em frango, frutas, carnes e verduras para as crianças. Depois a merenda receberia recursos mais vultosos. Tatto contava que quando era aluno do ensino médio, em São Paulo, na década de 1970, ao chegar faminto à escola noturna, devorava uma caneca de canjica que era oferecida antes das aulas. Ele foi um dos maiores entusiastas de transformar a péssima merenda que as escolas serviam em refeições completas, pensadas para as necessidades de cada faixa etária.

A princípio, diretores, professores e funcionários protestaram: escola era lugar de estudar, e não de comer e cozinhar. "Nunca ouvi tanto não em toda a minha vida." Tatto veio me contar, depois da apresentação do projeto da merenda aos diretores. Além do mais, faltava tudo ao equipamento pedagógico. Para que inventar mais encrenca do que já havia? No entanto, sabíamos que muitas crianças mostravam-se apáticas e sonolentas na sala de aula porque saíam de casa com fome. Se pretendíamos alguma transformação em suas vidas, era urgente começar pelo alimento. As mães foram as primeiras a aprovar a idéia e muitas se ofereceram para cozinhar. Num prazo de dois meses, estreamos o programa, oferecendo 165 mil refeições por dia. O resultado foi tão visível que, em pouco tempo, os professores abandonaram suas resistências e comemoraram conosco.

CECIs, o CEU dos índios

No caso dos índios das três tribos guaranis que existem no município, a mudança foi mais impressionante. Criamos os CECIs, Centros de Educação e Cultura Indígena, que eram como eles desejavam: ocas em vez de prédios de alvenaria, e sem piscinas. O ensino era bilíngüe, em português e em guarani, inclusive nas salas de computação. Notamos que a precariedade das aldeias era enorme. Algumas crianças chegaram a engordar 2,5 quilos em um mês. Até então, elas só comiam o que as tribos plantavam, uma produção insuficiente. Além de desnutridas, as crianças sofriam de verminoses e outras doenças; foi preciso mandar também médicos e remédios. As tribos foram todas beneficiadas pelo Renda Mínima. Eu me perguntava o que seria delas depois, porque não teriam condições de continuar os estudos ou de adquirir novas profissões. Quando acabasse o ensino fundamental da Prefeitura, para onde iriam?

A nova merenda produzia conseqüências curiosas, como a variações no preço das frutas no mercado em função das compras da Prefeitura para as escolas municipais. E tornou muito evidente a modéstia do padrão alimentar da maioria das famílias na periferia. Foi na escola que muitas crianças viram pela primeira vez uma pêra — "Essa maçã esquisita", nas palavras de um menino. A mudança da merenda revelou ainda outras questões fundamentais para o nosso objetivo de promover a inclusão.

Depois de um mês, o controle minucioso da Secretaria do Abastecimento detectou que sobravam refeições e que o excedente — de 20 a 30% do total oferecido — acontecia, curiosamente, nas regiões mais pobres. Era lá que havia mais faltas e era maior a evasão escolar. Tínhamos vagas em aberto e crianças que não podiam estudar. O motivo? Não demoramos a descobrir.

Com o nível de desemprego altíssimo, as famílias pobres não podiam arcar com nenhuma das despesas decorrentes de mandar um filho à escola. Os que chegavam à sala de aula não tinham cadernos, nem lápis ou, muito menos, livros. Faltava dinheiro para as passagens de ônibus e as crianças eram obrigadas a caminhar muitos quilômetros, além de não haver nenhum adulto disponível para acompanhá-las, quando eram muito pequenas para trafegar sozinhas, muitas vezes por regiões violentas. E havia o problema da roupa: muitos alunos possuíam uma só muda de roupa para ir à escola. Em dois ou três dias, ela já estava suja, e eles se tornavam alvo de gozação dos colegas. E para piorar, se chovesse por muitos dias a roupa não secava e eles não saíam de casa porque não tinham o que vestir. Surgiram então os projetos do transporte escolar, do material e o dos uniformes.

Com ou sem chuva, todos na escola

Decidi que primeiro íamos tratar do uniforme. Cida Perez, que no segundo semestre de 2002 integrava minha assessoria técnica, trouxe as amostras de tecido. Um deles era visivelmente melhor do que os outros e foi o que escolhi. Era o material dos agasalhos Adidas. "Vão nos matar!", disse Cida. Mas eu achava que a roupa tinha que durar para ficar para o irmão menor. Se a família era pobre, aí mesmo é que precisava mais de uma roupa que durasse. "Não vamos fazer economia burra", insisti. Mas, uniformes para toda a Rede Municipal em São Paulo significava, naquele momento, roupa para 872.801 alunos. Teria um custo importante, mas decidi ir em frente.

Nas discussões sobre a necessidade de incluir no pacote também os sapatos — tênis —, apontou-se que um par não era suficiente, já que, de vez em quando, seria preciso lavá-los. Um dos defensores da idéia de dois pares para cada criança, Jilmar Tatto, provocou os outros secretários: "Vocês nunca secaram tênis atrás da geladeira." Como tivera uma infância pobre, aprendera a secar os sapatos e as roupas de que ia precisar no dia seguinte no lugar mais quente da casa, o motor da geladeira. Não dava para fazer uniforme de qualidade dez e mais o tênis; optei pelo uniforme.

Íamos encomendar quase 2,5 milhões de uniformes, entre os de verão, os de inverno e as camisetas para os alunos do EJA, Educação de Jovens e Adultos. Para não correr o risco de fazer uma encomenda irrealizável, tivemos que entrar em contato com os produtores de fio, as tecelagens e as confecções. Tínhamos pensado inicialmente em envolver pequenas cooperativas para gerar oportunidades de trabalho, mas foi impossível dentro dos limites da legislação. No final, conseguimos que as grandes empresas se encarregassem de envolver as pequenas. Agimos com muito cuidado e muita transparência, para poder comprovar cada decisão e negar qualquer acusação de favorecimento. Foi tudo perfeito, apesar de a oposição acusar a Prefeitura de superfaturamento, porque os uniformes eram caros. Conseguiram, com isso, que os primeiros uniformes de inverno só chegassem às mãos dos alunos em agosto de 2003, e não em junho, como planejado. Meses depois, diversas Prefeituras copiaram nossa iniciativa.

Depois de centenas de decisões técnicas sobre fiação, pigmento, tecelagem, modelagem e confecção, entre outros aspectos — e as correspondentes licitações —, os uniformes ficaram prontos. Precisávamos, então, de uma maneira de distribuí-los. Não tínhamos onde armazenar aquela quantidade imensa de peças, nem gente para separar por tamanho e entregar às famílias. Foi preciso que os diretores e professores das escolas — os CEUs ainda não tinham sido inaugurados quando começamos — somassem mais essa função às suas tarefas. Houve mais reclamação, mas não tínhamos outra alternativa naquele momento. Distribuir o material escolar foi outro problema. No ano seguinte, montamos uma logística para entregar nas escolas, já separados, os kits de uniforme e de material escolar.

O problema seguinte foi a queixa dos professores de que os alunos não levavam material: não tinham caderno, lápis, etc. E, segundo os professores, não adiantava insistir. Os pais não tinham de onde tirar. A situação ficava tensa na sala, e a qualidade da aula, prejudicada. Resolvemos comprar o kit escolar e a mochila. O material foi comprado por meio do pregão eletrônico.

Lembro da sensação maravilhosa que experimentei a primeira vez que vi dezenas de crianças uniformizadas e com suas mochilas, enfileiradas na rua para entrar na escola. As mães ficavam tão satisfeitas! Diziam que além da economia que faziam, sem precisar gastar com roupa e material escolar, sentiam que os filhos, uniformizados, ficavam mais protegidos. Eu não tinha pensado nisso.

O transporte escolar gratuito era outro passo para garantir o acesso das crianças à escola. Foi pensado para atender 105 mil alunos que morassem a mais de dois quilômetros de distância de suas escolas, aumentando o serviço na medida do recurso disponível. Tinham prioridade as famílias com dificuldade de pagar a passagem de ônibus, crianças deficientes físicas ou filhas de deficientes e crianças pequenas. Embora caro, o programa de transporte escolar desdobrou-se, mais tarde, em nova utilidade. Foi uma oportunidade de trabalho para muitos dos perueiros que ficaram fora da região central devido ao novo plano de transportes da cidade. Soube que hoje são menos do que 75 mil as crianças atendidas.

Aprovar esses gastos na educação, vencer vereadores, até do PT, que eram contra, foi uma provação. Eram contra os uniformes, contra o kit de material escolar e, principalmente, contra gastar recursos da educação para construir os CEUs. A legislação não permitia utilizar dinheiro do orçamento da educação em aquisições como piscinas e centros culturais. Para conseguir a aprovação, aumentamos a parcela do setor de 30 para 31% do orçamento, mudança que permitiria ampliar a gama de gastos.

Argumentava que o sujeito da educação é a criança. Se ela não chega à escola, seja porque não tem roupa ou por não ter condução, nada mais faz sentido. Num primeiro momento, empreguei todos os recursos disponíveis para fazer a criança chegar à sala de aula — e permanecer ali. Só depois disso daria o segundo passo: investir na qualidade da educação, com programas de capacitação e um plano de carreira estimulante para os professores. Sustentavam que esses recursos deveriam ser utilizados só na construção e reparo das escolas convencionais e nos salários. Perdemos um vereador, que acabou saindo do partido, e tivemos um trabalhão para convencer um outro a votar conosco.

O resultado desse conjunto de ações logo se faria sentir.

CAPÍTULO 5

O nascimento dos CEUs

Nunca vou esquecer do olhar de uma moça, que encontrei no canteiro de obras do CEU do Grajaú, perto da represa de Guarapiranga: "O que é que a senhora vai fazer aí?", ela me perguntou. Quando respondi que seria uma escola, olhou-me com descrença, como quem pede: "Não manga comigo." Lembro também de outra mulher que se aproximou de mim nas obras do CEU Jambeiro, em Guaianazes, apontou os buracos cavados para as piscinas e indagou o que ia ser aquilo. Expliquei, e ela me olhou tão perplexa que perguntei o que ela tinha pensado, qual era o seu temor. "Pensei que ia ser um lugar pra botar coisa 'tóchica'", retrucou. Julgou que estávamos construindo lixões, o máximo que podia esperar em matéria de obras públicas em seu bairro.

À medida que as obras avançavam, a confiança das pessoas crescia. No final de 2002, a socióloga Elizabeth Avelino, integrante da assessoria técnica do secretário de Governo Rui Falcão, foi encarregada de localizar em tempo recorde terrenos na periferia. Visitava obras do CEU Navegantes, na mesma região, quando lhe pediram ajuda para falar com "um homem muito nervoso" que exigia a presença de alguém da Prefeitura. Beth foi ver o que estava acontecendo. Um rapaz lhe contou, dilacerado, que decidira, havia um mês, voltar para a Bahia. Estava desempregado e pusera a casa à venda. "Agora que aqui vai ter escola, piscina e teatro, eu estou indo embora!", ele repetia. Beth o aconselhou a tirar a placa de "vende-se" da porta da casa e a confiar na melhora da vida no bairro. Ele mudou de planos. Casos assim, de recuperação da esperança perdida, aconteciam a toda hora.

Em oito meses, 21 regiões abandonadas à própria sorte pelo poder público viram surgir em suas paisagens áridas os belos e imponentes edifícios dos CEUs: cerca de 13 mil metros quadrados, dotados de equipamentos só acessíveis até então aos paulistanos de bairros ricos. Em cada unidade, três piscinas aquecidas, um teatro com o mais moderno aparelhamento de som e luz, bibliotecas para 10 mil volumes, telecentros, salas de dança com assoalho de madeira, pistas de skate e quadras esportivas. Entre os materiais disponíveis havia duas câmeras de vídeo e uma ilha de edição, instrumentos musicais para uma *big band*, para grupos de rap e para uma orquestra de cordas. Quando os CEUs começaram a ser inaugurados, a distância aparentemente invencível entre aquelas pessoas e a possibilidade de uma vida melhor tinha subitamente desaparecido.

"Depois dos CEUs, nunca mais vão poder dizer que certos sonhos são impossíveis na rede pública", disse-me outro dia a musicista Renata Jaffé, responsável, ao lado do maestro Daniel Misiuk, pela implantação das orquestras de cordas dos CEUs, hoje parcialmente extintas, como tantos outros bens conquistados pela população mais pobre de São Paulo naqueles anos. Renata está certa: provamos que os sonhos são realizáveis. Para reafirmar a possibilidade de fazer, é importante recontar sempre a aventura emocionante daqueles quatro anos à frente da Prefeitura.

Os CEUs começaram a se esboçar no segundo semestre de 2001, nas reuniões que eu fazia com minha assessoria técnica, na mesa comprida de meu gabinete na Prefeitura, no Palácio das Indústrias. Queria encerrar o segundo ano de governo com alguma proposta inovadora na área da educação, algo que abrisse uma janela para outros mundos, que trouxesse oportunidades para crianças que não tinham acesso a nada. As licitações para os uniformes já estavam em andamento, mas eu queria uma idéia mais ambiciosa. As escolas se encontravam em situação deplorável — como, aliás, tudo no equipamento público —, e a equipe do pedagogo e professor da PUC-SP Fernando José de Almeida, o primeiro secretário de Educação de nosso governo, viu-se engolida pela urgência das demandas diárias. Os meses foram passando e não tínhamos ainda, em meados do segundo semestre, um projeto à altura do nosso propósito de mudança.

Chamara-me a atenção uma pesquisa sobre o desejo dos adolescentes da periferia, realizada em 2000, em Vila Brasilândia, pelo Cenpec, Centro de Estudos e Pesquisas em Educação, Cultura e Ação Comunitária. Ela mostrava que, além de trabalho e oportunidade, eles queriam um lugar onde pudessem se encontrar e conviver, porque a violência os havia expulsado das ruas. Com algumas variações, todas as regiões de periferia apresentavam o mesmo sombrio panorama: altas densidades demográficas, superiores à do município (6.915 hab/km²), cerca de 50% da população constituída por jovens e indicadores socioeconômicos e de qualidade de vida marcados, entre outros flagelos, por uma das taxas mais altas do mundo de homicídios de jovens. O Mapa da Exclusão/Inclusão Social da Cidade de São Paulo, trabalho que Aldaiza Sposati, secretária de Assistência Social na nossa gestão, desenvolvera na PUC, em 2000, localizava sobre a mancha urbana as regiões mais abandonadas.

Nossa luta contra a exclusão exigia intervir na cidade, romper com aquela idéia de periferia como uma massa indistinta de regiões miseráveis, sem características próprias. Uma das providências para isso era colocar o equipamento público ao alcance de seus cidadãos, fazer surgir novas centralidades. A escola poderia ser um passo importante nessa direção. E deveria ser mais do que uma unidade escolar: deveria integrar diversos objetivos sociais. Como seria essa escola?

Tirar a favela de dentro da criança

Aprendi com Paulo Freire, que me convidou, como secretário de Educação de Luiza Erundina, para criar o programa de educação sexual na rede municipal, que o indivíduo precisa ter oportunidade de enxergar além da sua paisagem imediata, tem direito de conhecer a beleza e de entrar em contato com o mundo. "Tem que ter belezura", ele dizia. "Não se pode aprender na feiúra."

Uma criança que mora num barraco ou numa casa precária, que vê o pai beber e às vezes se tornar violento, que passa o dia longe da mãe, que precisa trabalhar — essa criança não pode freqüentar uma escola suja, quebrada, triste. Ela precisa pelo menos saber da existência de outro tipo de casa, de outro tipo de escola, de outra vida. Do contrário, como vai poder sonhar, desejar alguma coisa para si, ter um projeto? Eu queria mostrar que é possível outra vida. Não posso tirar 2 milhões de pessoas da favela e do cortiço, mas posso tirar a favela de dentro delas, pensava.

Buscávamos um modelo. Conhecíamos experiências como a Escola-Parque, de Anísio Teixeira, em Salvador, de 1950. Propunha alternar atividades intelectuais — nas escolas-classe —, com atividades práticas, como teatro, música, dança, jogos e recreação nas escolas-parque. É até hoje uma referência para os pedagogos, mas não se multiplicou como ele desejara. Tínhamos acompanhado os CIEPs de Brizola — embora eu jamais tenha visitado um — e os CIACs de Collor. Propostos por Darcy Ribeiro e projetados por Oscar Niemeyer, os CIEPs, construídos em locais de muita visibilidade, à beira de grandes avenidas, perderam-se no descaso de governantes e numa série de interesses que contemplavam tudo menos a criança e a educação. Os CIACs foram igualmente utilizados como moeda política. Precisávamos propor um modelo novo, compatível com nossa concepção de educação e com as propostas, já em andamento, de descentralização, proximidade entre o cidadão e o poder, participação e cidadania. Eu só sabia, àquela altura, que tinha que ser um edifício bonito, feito de bom material, que agregasse várias atividades.

Íamos iniciar contatos com grandes escritórios de arquitetura de São Paulo quando nos chegou a informação de que o EDIF, Departamento de Edificações da Prefeitura, tinha um projeto interessante, engavetado desde a gestão de Luiza Erundina. Maria Aparecida Perez, que se tornaria secretária de Educação, sucedendo a Fernando Almeida e Eny Maia, e que naquele momento integrava minha assessoria técnica, foi conversar com o diretor do departamento, Ademir José Morais Mata. Como Cida me descreveria depois, à medida que ela contava ao arquiteto o que buscávamos, ele ia empalidecendo. Tão logo ela encerrou a explicação, ele tirou da pasta exatamente o que nós queríamos. Era uma planta que, com algumas modificações, logo se transformaria nos CEUs. Dias depois, emocionado, ele fez, no meu gabinete, a apresentação da maquete do projeto, que guardei por muito tempo.

Quando a Lei Orgânica das Cidades definiu, em 1989, a descentralização administrativa, Luiza Erundina encomendou aos arquitetos da Prefeitura de São Paulo projetos de praças de equipamentos para acolher as Subprefeituras, algumas dotadas de centros de saúde, outras de escolas. Assinadas por Alexandre Delijaicov, André Takiya e Wanderley Ariza, essas escolas, finalmente desengavetadas, vieram dar origem ao CEU.

A escolha de um projeto "da casa", em lugar de outro com a grife de uma estrela convidada, deu novo ânimo aos arquitetos do EDIF, que trabalharam com grande entusiasmo, ecoando um fenômeno que se repetiu em outras áreas e em diversas circunstâncias ao longo da gestão. Os CEUs, em especial, acenderam em servidores públicos de todos os escalões uma centelha de paixão, essencial para o sucesso de todo grande projeto. Talvez houvesse gente tão apaixonada pela idéia quanto eu. Mais do que eu, duvido. Pensava nesse assunto o tempo todo. Se alguém quisesse falar comigo e precisasse abrir uma brecha na agenda, bastava dizer que era para falar sobre CEU que eu atendia.

O batismo do CEU

No final de 2001, a Secretaria de Comunicação, tendo à frente Valdemir Garreta, que depois se revelaria um secretário-coringa com aptidão para diversas áreas da administração, encomendou uma pesquisa para nos dar mais segurança na escolha do nome das novas escolas. Publicitários consultados pela Secretaria tinham sugerido CEL, Centro de Educação e Lazer, mas não estávamos muito convencidos. Uma noite, fui assistir com alguns integrantes de minha equipe, entre eles Cida Perez e Garreta, e com meu marido, Luis Favre, a uma das chamadas pesquisas "quali", ou qualitativas. Nesse tipo de investigação, os pesquisadores observam, através de um vidro espelhado, a um grupo de representantes do público-alvo de um determinado serviço ou produto discutir as questões que lhe são colocadas. Ouvíamos com toda atenção as diferentes opiniões de grupo. Uma mulher bem pobre, de Rio Pequeno, que saía cedo de casa e se preocupava muito com os filhos, que ficavam sozinhos, falou: "Se meu filho estudasse numa escola assim seria um paraíso." Luis imediatamente sugeriu o nome CEU (Centro Educacional Unificado), que dava conta de transmitir a idéia do conjunto que ele representava e do paraíso aludido pela senhora de Rio Pequeno. O nome foi enviado para apreciação do grupo que discutia e a aceitação foi imediata. Depois achamos graça na história: meu marido, que não tinha nada a ver com o assunto, é que havia acertado o nome que seria o símbolo de nossa administração.

No começo, os funcionários da Secretaria de Educação ficaram desconfiados de uma idéia que, afinal, não tinha nascido dos educadores da rede, vinha de fora. Mas à medida que entendiam, foram aderindo e se apaixonaram. Foi muito bonito ver como as pessoas têm vontade de fazer alguma coisa boa, transformadora. Na época de Erundina, a presença de Paulo Freire na Secretaria de Educação provocou uma onda de entusiasmo, que, naturalmente, sucumbiu à paralisia dos anos Maluf-Pitta. Então, quando apareceu uma nova oportunidade de se engajar num belo projeto, muitos aderiram animadamente.

Missão: encontrar terrenos

Esse poder de entusiasmar ficou claro já na busca de espaços para a construção dos prédios. No começo, o pessoal me desanimava. Diziam que os terrenos na periferia estavam todos ocupados, que não sobrara nenhum, e que uma desapropriação demoraria pelo menos quatro anos. "Não dá tempo", insistiam. Eu simplesmente dizia: "Vai dar. Se a gente quiser, acha. Esta é a nossa prioridade."

A encarregada de localizar os terrenos, Elizabeth Avelino, coordenara o projeto de despoluição de Cubatão e adorava trabalho de campo. Aceitou com gosto o convite para uma tarefa que, como lhe explicou Cida Perez, exigia "descer do salto". Exigia bem mais, recorda Beth: "Era preciso pular córrego, pisar na lama e correr de cachorro." E agüentar a cobrança diária da prefeita. Muitas vezes Beth chegava desanimada e dizia: "Prefeita, o Extra já comprou todos os bons terrenos da periferia."

Um Fiat da Prefeitura, dirigido por um motorista, Celso Moreira Cruz, descobridor imbatível de endereços obscuros, uma pequena equipe composta por Beth, um representante da Administração Regional e um da Secretaria de Educação, além de um técnico da EDIF, rodou por todas as periferias de São Paulo durante seis semanas. As regiões visitadas constavam do Mapa da Exclusão/Inclusão. Para localizar terrenos, partia-se de mapas fornecidos pelas antigas Administrações Regionais, geralmente muito defasados. O terreno adequado deveria situar-se em região com alta concentração de crianças e jovens, a uma distância conveniente de outras escolas com as quais o CEU formaria rede, e não podia ter abrigado aterro sanitário, nem indústria com resíduo químico que pudesse ter contaminado o lençol freático.

Uma vez aprovado o terreno, a desapropriação devia acontecer rapidamente, antes que uma máfia de aproveitadores se interpusesse entre a Prefeitura e os proprietários, jogando o preço nas alturas. O médico Ubiratan de Paula Santos, do gabinete do secretário de Governo, e Roberto Garibe, funcionário público de carreira que trocara o Ministério do Trabalho, em Brasília, pela minha assessoria técnica, cuidavam dessa parte. Eventualmente, era preciso convencer a comunidade de que a desapropriação traria benefícios, já que os terrenos sediariam atividades — eram, freqüentemente, o campo de futebol do bairro. Foi o que aconteceu, por exemplo, no CEU Jambeiro, erguido numa área que abrigava os campos de dois times locais e rivais, um deles o Botafogo de Guaianazes. Foi preciso convencer os dirigentes de que a Prefeitura arrumaria os campos e que eles continuariam a servir à comunidade. Não havia meio de confiarem. À medida que as obras prosseguiam, acabaram concordando e, na inauguração, integrantes dos times passaram a fazer parte dos conselhos gestores da nova unidade. Quando o CEU Jambeiro foi inaugurado pelo presidente Lula, eles entregaram com muito orgulho a camisa dos times ao presidente.

Num dos terrenos escolhidos, em São Mateus, na Zona Leste, o começo das medições provocou um burburinho na comunidade. Fomos advertidos de que era melhor desistir, pois ali era um local de "desova". Só então compreendemos por que nenhuma das casas que faziam limite com o terreno tinha janelas — e as poucas que existiam haviam sido rigorosamente tampadas. A secretária Cida Perez chegou a receber ameaças para não insistir com a idéia de construir uma escola naquele território. Uma equipe de reportagem do jornal francês *Le Monde*, que visitou o CEU São Mateus em 2003, ouviu estarrecida uma das alunas do Ensino Fundamental descrever, orgulhosa, a transformação do lugar. Meses antes, aquele endereço servia para esconder corpos de pessoas assassinadas.

A negociação com os proprietários foi dura, e tive que intervir pessoalmente em algumas, mas ao fim das seis semanas dispúnhamos dos 45 terrenos para construção dos CEUs — e de muitos mais, para abrigar futuras escolas, creches e outros equipamentos públicos. Quando deixei o governo, a Secretaria de Educação dispunha de um banco de 260 terrenos identificados por meio de pesquisa de campo. Para dar uma idéia de como esses lugares são desprovidos de todo e qualquer conforto urbano, quando as obras de construção dos CEUs começaram, em muitos casos era necessário alargar, asfaltar ou abrir novas ruas para dar passagem aos caminhões e às máquinas. Em conseqüência dessas novas ruas, devidamente registradas, muitos cidadãos experimentaram pela primeira vez na vida o conforto aparentemente banal de possuir um CEP. Ao se tornarem localizáveis pelos Correios, puderam também comprar a crédito.

Uma ação que chamamos Operação Urbana CEU providenciou um mapeamento preliminar das regiões em torno das futuras escolas. A tarefa era identificar organizações e lideranças formais e informais e buscar parceiros para a gestão do projeto. Essa ação determinou também a melhoria das escolas próximas e investimentos em asfalto, iluminação, canalização de córregos e criação de linhas de ônibus. Para erguer o CEU Rosa da China, em Sapopemba, foi preciso alugar uma pedreira desativada que havia nas proximidades, a fim de abrir um escoadouro para a água das chuvas que inundava ciclicamente o terreno e os arredores.

Sonho é tudo

O CEU não podia cair do céu. A comunidade tinha que participar de tudo. E a primeira tarefa de nossos parceiros locais foi acompanhar as obras e pensar numa festa de inauguração que tivesse a cara do bairro. A capilaridade que nos conectou com os moradores de cada região foi fundamental em muitas ocasiões para o sucesso do projeto. A certa altura, os edifícios já quase prontos, Cida Perez veio me contar que havia uma implicância da população com os teatros. "Pára tudo, bota um time na rua para descobrir o que está acontecendo", falei. Em pouco tempo Cida detectou a queixa: achavam que estávamos projetando "teatros de pobre". Quis saber o que era um "teatro de rico". A população queria palco italiano, cortina e poltronas estofadas, como se via na televisão. Tínhamos proposto teatros de arena, com bancos móveis em torno do espaço central. É claro que essa reviravolta encareceria brutalmente o projeto, mas não tive dúvida. Se uma das metas era resgatar a auto-estima daquela população, não seria o custo que iria impedir o resultado. E foi assim que os teatros ganharam poltrona estofada, a melhor mesa de luz do mercado e o melhor som. Se não tivéssemos investigado, teríamos perdido uma oportunidade única. E São Paulo, que tinha oito teatros públicos, passou a ter mais 21.

Surpresas de estréia

Quando se inaugura um modelo novo, seja lá qual for, é preciso solucionar uma infinidade de questões que não tinham sido cogitadas antes. Assim que os CEUs começaram a ficar prontos, nos defrontamos com tarefas básicas e urgentes, como decidir se a entrada vai ser com ou sem catraca, se o aluno vai ter carteirinha, se as famílias vão precisar de carteirinha para entrar nos fins de semana, como conciliar as atividades dos alunos com as da comunidade... Tivemos de quebrar a cabeça.

Um exemplo: por lei, é obrigatório exame médico para entrar numa piscina pública. Mas como fazer, se os médicos da rede pública mal davam conta dos postos de saúde? As piscinas prontas, as crianças loucas para pular na água e não tínhamos como garantir o exame médico. Resolvi ligar para o Hospital Albert Einstein e falar com o presidente, dr. Cláudio Lottenberg. Expliquei nossa situação e ele organizou um plantão de médicos do Einstein para examinar as crianças. Depois disso, faltavam os salva-vidas. Havia anos que não se contratava um só salva-vidas na Prefeitura. Abrimos concurso. E finalmente pudemos abrir as piscinas. Lembro da reação das crianças: mergulhavam a mão e olhavam, maravilhadas.

Quando o primeiro CEU começou a funcionar, convidei meus amigos Ivo e Eleonora Rosset para conhecerem. Ao ver que as crianças tiravam a camisa e se jogavam na água, Ivo perguntou: "Eles não trouxeram maiô?" Expliquei: "Eles não têm; nunca tiveram." Ivo é dono da Valisère e da Cia. Marítima, e decidiu dar cinco mil calções para cada CEU. Ao todo, 105 mil maiôs e calções de banho foram distribuídos sem propaganda, e com a etiqueta CEU! Quando os maiôs começaram a chegar, para nossa surpresa, Ivo tinha incluído alguns tamanhos maiores para as senhoras que desejassem fazer hidroterapia. Nunca imaginei que seriam tão disputados.

Jambeiro foi a primeira unidade inaugurada. As imagens da abertura e dos dias que a antecederam ficaram guardadas para sempre na memória de todos os envolvidos. Uma delas me chegou por meio de meus assessores. Aconteceu na véspera da inauguração. A obra fora concluída, mas o prédio estava empoeirado, havia respingos de tinta e de cimento nos vidros, nos pisos e, mais grave, os móveis não tinham chegado e ainda teriam de ser montados no local. Eram centenas de mesas, prateleiras, bancos, etc. A menos de 24 horas da abertura, o pessoal do CEU e das Secretarias envolvidas assistiu, quase desesperado, aos caminhões despejarem pilhas de móveis desmontados. Então, como se fosse um sonho, começaram a brotar de todos os cantos pessoas para ajudar. Homens com caixas de ferramentas — um serralheiro, o outro pedreiro, um marceneiro, o outro disposto a carregar peso — e mulheres que raspavam os vidros, lavavam os pátios, passavam pano molhado no chão... E, de repente, estava pronto! Eram os moradores do bairro. Tinham compreendido que o CEU era deles e estavam orgulhosos.

CAPÍTULO 6

A periferia chega ao poder

Um dos grandes desafios no governo, questão nevrálgica da proposta de inclusão social, era romper com o modelo centro rico × periferia pobre, a expressão geográfica da exclusão. Por isso, a descentralização seria um ponto vital nessa conquista. Sempre acreditamos que equipamentos de qualidade e novas formas de gestão, perto da comunidade, ajudariam a desenhar outro mapa de São Paulo, em que muitos lugares, e não apenas o Centro, recebessem e irradiassem a riqueza da cidade.

Descentralizar é colocar o governo ao alcance do cidadão, permitir que ele resolva seus problemas na região em que vive, em vez de peregrinar até o Centro — em geral distante, numa cidade de 1.500 quilômetros quadrados como São Paulo —, ou de esperar infinitamente por respostas a suas demandas. Significa distribuir os recursos públicos por todas as regiões e compartilhar as decisões sobre como gastá-los. Descentralizar permite que o cidadão perceba a importância do seu bairro e reivindique serviços que lhe fazem falta. Se não for atendido, ele saberá onde e com quem reclamar, e isso provavelmente o ensinará a se articular. Numa estrutura descentralizada, o cidadão comum adquire o poder de pressão que costuma ser privilégio dos grandes grupos econômicos.

Teoricamente, todos concordam com essa idéia e apreciam suas vantagens. Mas, na prática, ela assume outros matizes. Tão logo o assunto entrou em pauta, começou a pressão para não descentralizar — ou para descentralizar sem dar autonomia. Disfarçavam os argumentos, mas eu percebia que a ameaça da perda de qualquer milímetro de poder gerava discussões intermináveis.

Os receios eram vários. Fui notando que a maioria tinha a ver simplesmente com o apego ao poder e com a cantilena do risco de não controlar. Eu não tinha certeza absoluta dos resultados e, no íntimo, também temia que tanta liberdade pudesse gerar problemas. Eram idéias muito faladas, mas nunca postas em prática, menos ainda na dimensão que estávamos propondo. Ao mesmo tempo, sempre fui a favor de deixar as pessoas atuarem com autonomia — e de retirá-las, se não se mostrassem à altura. "São os moradores que conhecem melhor os problemas de uma região", eu pensava.

É óbvio, mas fascinante, observar como o governante acaba levando suas experiências pessoais, assim como seus valores, para decisões fundamentais. Em muitos casos, os rumos do mundo são determinados por decisões tomadas em inscrições tão primitivas nas mentes dos governantes que a maioria nem se dá conta de suas verdadeiras razões. Minha mãe sempre me delegou responsabilidades. Fiz assim com meus filhos, acreditando que as pessoas fazem o melhor se têm que arcar com as conseqüências de suas decisões.

Autonomia

Um argumento a favor da descentralização que me calou fundo foi o exemplo da goteira numa escola: se houver uma goteira, a diretora não tem dinheiro para mandar arrumar, então vai precisar enviar um pedido à Secretaria de Educação. Até que a requisição chegue ao departamento competente e o responsável o aprecie e o aprove, o telhado já caiu. É o que ocorre normalmente. Decidi: não posso saber que ação vai ser melhor em cada uma das Subprefeituras; as decisões têm que ser tomadas por outras pessoas, que se responsabilizarão por elas. Quanto maior a participação do povo nas decisões do subprefeito, maiores as nossas chances de acertar. E, nas questões programáticas, seria difícil inventarem ações despropositadas em áreas como educação ou saúde, se as políticas fossem bem definidas. Mantive o programa de governo como diretriz.

Durante todo o primeiro ano de gestão, ocupamo-nos em definir o projeto de descentralização, seus possíveis contornos, os novos modos de funcionamento. Não tínhamos um exemplo em que nos basear. Nosso projeto era inédito na profundidade e nas proporções, e as experiências de outras cidades, como Barcelona ou Montevidéu, não tinham o alcance que pretendíamos. Não estávamos colocando apenas o equipamento administrativo ao alcance do cidadão, mas transferindo para as pontas os recursos e a decisão de como aplicá-los. Muita gente quebrou a cabeça para encontrar o melhor desenho para a lei que iria implantar as Subprefeituras. Uma das colaboradoras mais ativas desse processo foi a secretária de Negócios Jurídicos, Ana Emília Cordelli Alves.

Um dos complicadores da operação é que íamos implantar essa nova cultura num governo que tinha começado numa estrutura tradicional, de Secretarias e Administrações Regionais. Não foi fácil tornar as Secretarias menos executoras e mais pensadoras de políticas. Em todos os escalões, apareceram inseguranças e resistências. Como disse um dos meus assessores, foi como consertar um avião em pleno vôo. Formamos comissões bilaterais, com três representantes das Secretarias e três da Secretaria de Subprefeituras, para decidir as descentralizações. Contratamos uma consultoria para desenhar todos os fluxos. Era uma ferrenha disputa de poder. Ouvíamos os mais variados argumentos contra a nova instância de governo.

Dizia-se, por exemplo, que faltaria pessoal preparado para todas as tarefas. Inicialmente, faltava, mesmo, mas era nossa tarefa suprir essa falha. Rui Falcão coordenava o processo. Ubiratan de Paula Santos, chefe de gabinete do secretário de Governo e coordenador do grupo de trabalho que desenhou o projeto, argumentava: "Se as cidades de 20 mil habitantes conseguem ter prefeito, secretários, assessores, regiões de quinhentos mil habitantes, como algumas das nossas Subprefeituras, também haverão de encontrar pessoal qualificado." Seria mesmo incompetência administrativa naufragar em São Paulo por falta de mão-de-obra, embora fosse necessário oferecer treinamento, criar planos de carreira. Procurei começar pelas áreas de menor resistência, e por sorte as duas maiores Secretarias, Educação e Saúde, eram receptivas à descentralização.

Avançamos muito com elas. Mas a cada dia eram novos obstáculos a superar. Os problemas apareciam primeiro diante do Rui Falcão, meu anteparo. Às vezes ele entrava na minha sala exaurido, tantas eram as pressões. Mas continuava o maior entusiasta, como se já esperasse a tormenta diária. A cada dia sua agonia. E nós avançávamos.

À instalação das Subprefeituras correspondeu o enxugamento das Secretarias, liberadas de boa parte de suas funções. Deslocamos funcionários de seus quadros para coordenadorias de diferentes regiões. Para isso, montamos um banco de dados. As pessoas se inscreviam, diziam quais eram seus interesses, suas regiões de preferência. Ganhamos bons funcionários, finalmente estimulados pela perspectiva de serem úteis. Explicamos como eles seriam fundamentais para treinar outras pessoas, formar equipes. Muitos se entusiasmavam, abraçavam a causa, reagiam bem ao ver que o governo era sério e que não éramos corruptos. Outros, cristalizados em seus qüinqüênios e triênios permaneceram indiferentes — trabalhar menos ou mais não afetaria o que ganhavam.

As Secretarias não possuíam pessoal suficiente para preencher as necessidades de 31 Subprefeituras. A ação regionalizada da Secretaria de Cultura era um departamento de três funcionários. Como reproduzi-lo em 31 coordenadorias? Foi preciso contratar — e a imprensa logo falou em "trem da alegria".

Compreensivelmente, o projeto de criação das Subprefeituras custou a ser aprovado na Câmara. Ao fim do primeiro ano de gestão, o secretário Arlindo Chinaglia, médico, ex-presidente da CUT e do PT estadual, deputado federal e depois presidente da Câmara dos Deputados, o primeiro a enfrentar o caos das Administrações Regionais, ainda não conseguira vencer as resistências. Em agosto de 2002, o novo secretário, Jilmar Tatto, que deixara a pasta do Abastecimento, conseguiu finalmente aprovar o projeto. Muitos cargos de subprefeito foram ocupados por representantes de partidos aliados. O PT reagiu mal, porque alguns deles eram nossos inimigos históricos. Fizemos um grande esforço para mostrar que agíamos em nome de um projeto maior. A mídia chamou essa negociação de "loteamento de cargos".

Mudando o mapa de São Paulo

Além das 28 Subprefeituras que substituíram as Regionais, criamos mais três, em regiões até então ignoradas pelo poder público: Parelheiros, Cidade Tiradentes e M'Boi Mirim. Repartida em 31 regiões, a imensidão de São Paulo ganharia racionalidade, e o território se tornaria um elemento de gestão. Em lugar de 17 Supervisões de Assistência Social, 13 Núcleos de Ação Educativa, 41 Distritos de Saúde e 28 Administrações Regionais, passaríamos a operar com 31 Subprefeituras, cada uma equipada para tratar de todas as questões de uma região. Antonio Donato, o secretário que pôs em prática as Subprefeituras, gostava de explicar a mudança assim: "O cidadão vai deixar de ser cidadão da saúde, cidadão dos transportes, da educação, e assim por diante, para se tornar uma só pessoa, aos olhos do município." E o poder público, por sua vez, teria a oportunidade de pensar ações conjuntas e intersetoriais para cada região.

A descentralização começou de fato em 2003. Os recursos da cidade passaram a ser distribuídos por todo o território. De 550 mil reais em 2002, o orçamento das Subprefeituras chegou a 3,1 bilhões em 2004. Encarregadas de novas atribuições, elas tiveram de contratar gente qualificada, mudar de sede, ganharam importância e status. Lembro da minha alegria visitando novas instalações — lugares acolhedores, com funcionários públicos animados, em vez de prédios depredados, onde dava medo entrar, e de funcionários desligados. Para se ter uma idéia da revolução que foi adquirir essa autonomia e recursos próprios, lembro da Subprefeitura de Parelheiros, que no governo Pitta era algo como Administração Regional a distância, com 121.064 pessoas vivendo ali. Seu orçamento, que não chegava a 1 milhão de reais, passou a 13, 6 milhões, em 2003, e chegou a 32,5 milhões, em 2004, quando se tornou Subprefeitura. Não foi à toa que tive 74% dos votos da região. Nunca tinham visto tanto investimento: pavimentação, manutenção de escolas, bibliotecas e teatro, renovação da frota, informatização da Subprefeitura, assistência farmacêutica e assistência ao parto e ao recém-nascido, entre outros. Às vezes eu não conseguia nem ficar contente com tal progresso — sentia raiva por aquele povo ter tido que esperar tanto.

O administrador regional era visto como mero despachante burocrático, e o cargo não atraía ninguém. O de subprefeito, em contrapartida, era disputado. Deu trabalho chegar ao perfil do gestor competente. Ao contrário dos antigos administradores, encarregados de demandas modestas, eles tinham que dar conta de muitas responsabilidades.

Eu tinha vontade de experimentar gente que não viesse da política, mas que tivesse, sobretudo, experiência administrativa. Todos achavam essa tentativa uma besteira, mas decidi experimentar isso em duas Subprefeituras. Um dos nomeados era indicação de entidades locais e outro, que me pareceu ótimo, era um ex-funcionário de carreira do Banco do Brasil.

A primeira nomeação provocou uma revolta nos petistas porque o escolhido era ligado a forças políticas contrárias. Fizeram manifestações de protesto mas, no final, ele se mostrou um bom administrador. O outro, embora experiente e bem-intencionado, foi muito mal. Durou pouquíssimo. Ficou claro para mim que, além de ótimo administrador, o subprefeito tem que ter visão política, tem que ser capaz de escutar a população como um político. Precisa receber bem tanto o cidadão quanto os movimentos sociais organizados, e ter paciência, lidar com as demandas, mesmo que não possa atendê-las de imediato. Não é fácil. Principalmente porque nem todas as pessoas que batem à porta da Subprefeitura são bem-educadas e, algumas delas, nitidamente, pertencem a movimentos políticos organizados pela oposição local. Quem não tiver um mínimo de malícia política e traquejo de serviço pode se dar mal.

As praças de atendimento que criamos eram a ponta mais visível dessa transferência de poder. Conseguimos criar um espaço percebido pelo cidadão como dele e, assim, promovemos um salto de qualidade. Em 2001, quando assumimos o governo, as Administrações Regionais eram terra arrasada. Não tinham contratos de coleta de lixo, de ajardinamento, de limpeza. Mato e sujeira tomavam conta de tudo. Cada Regional era amarrada a um vereador, e tudo era negociado através deles; eram balcões de negócios. Anos de desmando transformaram-nas também em locais depredados, decaídos, desertos. Para os administradores, tanto melhor se os funcionários não estivessem presentes o tempo todo; para os cidadãos, era perda de tempo procurar seus guichês.

Senha, uniforme e respeito

Como eu costumava repetir aos responsáveis pela implantação, o cidadão deveria ter na Subprefeitura um atendimento equivalente ao que o Laboratório Fleury, um dos melhores e mais caros de São Paulo, proporciona a seus clientes — senha para ordenar a fila, cadeira estofada, computador, equipamentos novos e funcionários uniformizados. Muitos me olhavam como a um ET. Por sorte não verbalizavam. Depois de meses, cada Subprefeitura no seu ritmo, os moradores da região puderam dirigir-se às praças para aprovar uma planta, retirar um carnê do IPTU, recorrer de uma multa, etc. Por meio do sistema que implantamos, ele podia saber, pelo número do protocolo, em que altura do trâmite estava seu pedido, e quanto tempo levaria para ser resolvido. Percebíamos que as Subprefeituras eram cada vez mais procuradas depois que passaram a prestar serviço, e que o engajamento dos funcionários mudara da água para o vinho.

Eu visitava regularmente as Subprefeituras, punha o subprefeito ao meu lado, no carro, almoçávamos com entidades locais, visitávamos obras. Muitas vezes me perguntava qual era a realidade por trás da cena da minha visita. Porque, visivelmente, todo mundo ali estava fazendo o possível para me impressionar bem, dava para ver que tinha havido uma escovação de alto a baixo, ou mesmo uma pavimentação rápida. Era difícil ter acesso a tudo. A não ser por acaso, como me aconteceu já fora da Prefeitura, ao voltar a umas dessas regiões durante a campanha do Aloizio Mercadante para governador. As pessoas do PT reclamaram muito da maneira como haviam sido maltratadas pelo subprefeito da região, que eu julgava ter um bom entendimento com a população. Soube mais tarde, também, que havia muitas brigas entre vereadores e que os subprefeitos tomavam partido e fechavam a porta a vereadores locais e a suas demandas. Gostaria de ter tido meios de perceber mais rápido as encenações e os sectarismos locais, mas acredito que esse aperfeiçoamento viria com a prática.

Nosso trabalho se concluiria com a eleição dos conselhos de representantes, cuja criação competia exclusivamente à Câmara dos Vereadores, que expandiriam a descentralização até a instância do legislativo. Pretendíamos que essa estrutura se tornasse uma ferramenta de governo, mais do que uma questão de estilo de gestão. Não tivemos tempo. A administração Serra, através de uma ação direta de inconstitucionalidade, impediu a instalação de conselhos. Com o número de coordenadorias reduzido, as Subprefeituras perderam a capacidade de lidar com todas as áreas. O encaminhamento das questões regionais voltou, em grande parte, às Secretarias.

O terreno da descentralização da democratização foi salgado. Alegavam que o PT estava se instrumentalizando. Na verdade, não é qualquer administração que se adapta a uma regra tão democrática; é preciso muita segurança para aplicá-la.

CAPÍTULO 7

A guerra dos transportes

Em 6 abril de 2001, três meses depois de assumir o governo, enfrentei minha primeira greve de ônibus: 55 mil motoristas e cobradores de braços cruzados, 4 milhões de pessoas sem transporte, uma carreata de 50 ônibus de portas fechadas avançando a 10 quilômetros por hora pelas principais avenidas, a caminho da Prefeitura. Carros de empresas que não aderiram à greve eram interceptados por veículos parados pelos grevistas nas pistas da direita, e os passageiros, obrigados a descer. À noite, na Zona Sul, nove ônibus foram depredados. O presidente do Sindicato dos Motoristas e Cobradores, Edivaldo Santiago, declarou que o protesto era contra "a violência que atinge os trabalhadores da categoria e o atraso de salários". O engarrafamento foi recorde, a cidade mergulhou no caos.

O primeiro-ministro francês Lionel Jospin estava em visita a São Paulo durante aqueles dias, e a programação previa uma visita ao centro da cidade, mas, diante da paralisação, precisei mudar de planos. Desconfortável, expliquei o problema ao ministro, e ele me tranqüilizou: *"Pas de problème, madame, en France on en est accoutumé."* ("Nenhum problema, senhora, na França estamos acostumados com isso.")

A greve era uma ameaça velada, mas permanente, desde os primeiros dias do governo, quando manifestamos a disposição de mudar as regras vigentes no transporte público. As empresas de ônibus viviam à custa de subsídio e, com o aumento dos perueiros e dos ônibus clandestinos, caiu o número de passageiros, então os empresários exigiram valores cada vez mais altos. Alguns eram auxiliados por sindicalistas corruptos, as empresas atrasavam o pagamento de salários e os funcionários ameaçavam greve, deixando a Prefeitura refém. E havia esse fantasma: "A Prefeitura não agüenta uma greve de ônibus." Erundina pagara um preço político altíssimo por enfrentar nove dias de paralisação.

Eram mais de trinta empresas, que funcionavam sem contrato, só com uma carta de permissão. Algumas não registravam os funcionários e outras nem sequer rodavam; só apareciam para receber. Os ônibus não possuíam catracas eletrônicas e não podíamos demonstrar que os empresários ganhavam o suficiente para cobrir o alegado *deficit*. Em maio de 2001, suspendi o subsídio e exigi que as empresas racionalizassem seus gastos. Em junho, para evitar outra greve, tive que conceder um aumento de tarifa. Exigi em troca melhorias no serviço e mil ônibus novos a cada seis meses, mas o impacto no bolso da população naquele período difícil foi enorme. Pela primeira vez na história, a passagem de ônibus era mais cara que a de metrô. A cobertura, estridente, praticamente nos acusava de promover o caos. Contando assim parece que foi simples e rápido. Na verdade, foram meses de tensão e ameaças. Cada decisão era um parto, pois acarretava desgaste político imediato, e não tínhamos certeza de qual era a força real dos maus empresários e dos baderneiros.

Organizar e agir

O então secretário dos Transportes, Carlos Zarattini, é um homem experiente. Economista com pós-graduação em Engenharia dos Transportes, foi técnico da Companhia do Metrô de 1995 a 1998 e secretário do Sindicato dos Metroviários. Em conjunto com o SPTrans, a CET (Companhia de Engenharia de Tráfego) e técnicos de transportes, urbanismo, economia, direito e engenharia, Zarattini pôs de pé um projeto que dava racionalidade ao funcionamento dos ônibus em São Paulo e, sobretudo, devolvia à Prefeitura o papel de prover e gerenciar o transporte público municipal. Segundo o plano, aprovado em lei em dezembro de 2001, os serviços passariam a ser licitados e a cidade seria dividida em oito áreas, cada uma com um preço de remuneração, e a Prefeitura pagaria às viações por passageiro transportado, e não mais por quilômetro rodado, como se fazia. Terminais locais passariam a acolher as linhas de cada região e a redistribuir o fluxo, de tal forma que o Centro não fosse mais o destino final de todos os ônibus da cidade, e que não houvesse mais regiões desatendidas. Corredores exclusivos para o transporte público garantiriam a circulação mais rápida. Enquanto construíamos os terminais e os corredores exclusivos para ônibus e tomávamos as providências para a instalação de catracas eletrônicas, o funcionamento das empresas passava a ser regido por contratos emergenciais. A tarifa não podia se vincular à remuneração do empresário.

O plano de Zarattini me impressionou bem, mas pedi que o submetesse a um amplo leque de opiniões. Ele criou um grupo de trabalho suprapartidário, que nos proporcionou argumentações de todos os tipos. Josef Barat, consultor internacional para assuntos de transportes, ex-secretário de Estado no Rio de Janeiro e posteriormente diretor da Anac, Agência Nacional de Aviação Civil, disse que o plano era "maravilhoso, mas impossível de realizar". Convencida de que estávamos no caminho certo, mandei tocar. Talvez não tivesse naquele momento a clareza de quão duro e, por vezes, perigoso, seria o embate. As ameaças de greve eram a forma de pressão dos empresários, que temiam perda de lucratividade com as mudanças. Mas sofreríamos também ameaças pessoais.

Convivendo com o perigo

Uma vez, quando me dirigia ao Jardim da Conquista, na Zona Leste, para inaugurar uma grande obra de urbanização e uma rede de iluminação longamente esperada, recebi no carro um telefonema do secretário de Governo, Rui Falcão. O chefe da segurança lhe recomendara que eu cancelasse a visita, porque recebera uma ameaça de tiros contra mim. A segurança fora redobrada, mas ele não podia eliminar inteiramente o risco. Fiquei assustada, porém tinha prometido ir, e 10 mil pessoas estavam me esperando. Decidi comparecer assim mesmo. Coloquei o colete à prova de balas que ficava sempre no porta-malas do carro e avisei o secretário de Habitação, Paulo Teixeira, que também estaria lá, do que estava acontecendo. Decidi que, ao subir ao palco, ia me movimentar de um lado para o outro, para me tornar, pelo menos, um alvo mais difícil. Fiz o discurso parecendo um canguru. Por sorte, desabou uma tempestade e aproveitei para dizer à multidão que fossem todos para casa porque a chuva estava forte. Mais tarde, ao ler que um integrante do Sindicato dos Motoristas fora assassinado por um opositor, meu mal-estar, para não dizer medo, aumentou.

Nessa mesma época, a chefe da minha segurança pessoal, coronel Virginia, avisou à chefe de gabinete, Mônica Valente, que a polícia tinha interceptado uma conversa telefônica em que alguém se dizia disposto a atirar contra mim e contra ela. Mônica não conseguiu me convencer a desmarcar os compromissos já assumidos, mas o colete à prova de bala passou a fazer parte do meu figurino diário. Ficava um pouco desengonçada, com alguns centímetros a mais na silhueta, mas a tranqüilidade que trazia à equipe compensava. Para mim não significava muito, além da chateação de usar algo incômodo. Acreditava que, se alguém quisesse me fazer mal, a cabeça é que seria o alvo. Mas tratava de guardar só para mim essas conjecturas.

Em março de 2003, no auge dessa tensão, fui à TV Globo dar uma entrevista no telejornal *SPTV*. O apresentador, o jornalista Chico Pinheiro, confrontou-me com uma chuva de cobranças sobre as providências que ele julgava importantes no transporte da cidade. Eu não podia revelar o que se passava naquele momento nos bastidores, e suportei quanto pude a sabatina, até que perdi a paciência. Perguntei-lhe por que não se candidatava a prefeito, já que sabia exatamente como consertar tudo. O episódio foi amplamente explorado como demonstração da minha arrogância. Outra aprendizagem: nada é pessoal, os jornalistas tentam fazer as perguntas que percebem serem as dúvidas da população e não adianta ficar nervosa, discutir ou, pior, agredir, porque o telespectador não compreende esse tipo de reação. Infelizmente, tanta sabedoria às vezes é insuficiente para compensar uma noite maldormida, uma situação de grande tensão ou uma provocação mais forte.

Nessa época, recebi a denúncia de que uma quadrilha estava cobrando pedágio dos passageiros de uma linha de ônibus na periferia. Liguei para o governador Alckmin solicitando a presença da Polícia Militar. Sempre gentil, o governador respondeu que iria providenciar. Dali a uns dias a situação permanecia igual e a companhia de ônibus queria mudar o trajeto, o que seria péssimo para os usuários. Liguei de novo para o governador, que se mostrou surpreso e, novamente muito gentil, reiterou o propósito de tomar providências. Depois de duas semanas, sem que nada mudasse, entendi que não era mais para ligar para ele. A companhia mudou a linha de local por falta de condições de operar.

Pancadaria. Mesmo.

As licitações iriam fatalmente reduzir o número de linhas e de empresas e abrir espaço para cooperativas de autônomos. Íamos determinar os lugares para circulação de ônibus, onde cabiam perueiros e onde não cabiam, além de exigir peruas adequadas e de reduzir substancialmente o seu número. Na avaliação da Prefeitura, havia um excedente de 6 a 8 mil perueiros que teriam de sair do sistema. A tensão era imensa. Conseguimos transferir boa parte deles para o programa de transporte escolar, que estava começando, mas a reação foi novamente feroz. As audiências públicas para licitação de contratos de vinte anos viraram um quebra-quebra no auditório Elis Regina, no Anhembi. A pancadaria foi tal que tiveram que encerrar a audiência. O governo marcou nova audiência na Câmara dos Vereadores e, quando começaram a jogar pedras, a sessão foi suspensa e deu-se por concluída a licitação. Houve manifestações diante do Palácio das Indústrias, depredação de ônibus e, naturalmente, greves. Zarattini julgou que, afastando-se, reduziria o desgaste e facilitaria a implantação do novo sistema. Insisti para que ficasse, mas seus argumentos prevaleceram: além de sua família estar constantemente ameaçada ele tinha esgotado a relação de diálogo com os empresários. Não tinha jeito. E como conseguir um novo secretário para aquela situação?

"Vamos ver quem manda"

Assumir a Secretaria de Transportes, naquela altura dos acontecimentos, estava longe de ser uma tarefa animadora. Resolvi convidar Jilmar Tattto, que vinha fazendo um ótimo trabalho na Secretaria de Subprefeituras. Quando montamos a equipe de governo, ele pleiteara a Secretaria das Subprefeituras, mas como era muito ligado à Região Sul da Cidade, achei que não daria certo. Ofereci o Abastecimento, considerada uma pasta menor, mas, em poucos meses, ele a colocou sob os holofotes com o trabalho da merenda escolar. Com a saída de Arlindo Chinaglia, para concorrer a deputado federal, convidei Tatto para substituí-lo na difícil tarefa de implantar as Subprefeituras. Ele estava se saindo bem e ficou surpreso com o convite para ser secretário de Transportes.

A conversa foi peculiar. Depois de ouvir o convite às 10 da noite na minha casa, a primeira reação não foi das mais entusiasmadas. "Marta, é ir para a morte política", disse. Brinquei que morte política nem era o maior perigo naquele momento. Nunca vou esquecer sua atitude. "Sou um quadro, vamos nessa", respondeu, depois de alguns minutos. Fui dormir mais aliviada. E Tatto tomou a providência de contratar uma equipe de segurança para seguir seus filhos.

O novo secretário chamou para uma reunião o presidente do Sindicato dos Condutores. Ouviu do sindicalista que a Prefeitura tinha que intervir nas empresas. Intervir era uma conduta freqüente, no passado. Significava que a Prefeitura pagava os salários — e, portanto, arcava com os custos —, e os ônibus voltavam a rodar. Tínhamos uma questão difícil. Aceitar era jogar no lixo todo o esforço anterior. Recusar seria como decretar greve. Jilmar, assim como eu, temia as conseqüências políticas de um enfrentamento. Ao mesmo tempo, eu tinha clareza de que era um teste decisivo. Perguntei ao secretário quantos dias eles agüentariam uma paralisação. "Eles, três, prefeita; nós, nenhum. A cidade de São Paulo não pára durante três dias impunemente." Fui firme: "Não vim a passeio; nós não vamos ceder." Estava determinada a manter o nosso projeto até chegar ao bilhete único.

Quando Tatto recusou o acordo proposto pelo presidente do sindicato, este o desafiou: "Vamos ver quem manda na cidade." E logo começaria outra greve. Dessa vez, porém, tomamos todas as providências com a PM, o CET e o SPTrans para que os ônibus não saíssem das garagens. Fazer greve é legítimo; rodar com ônibus vazios e tumultuar a cidade, não. Houve atrito e queima de ônibus, mas eles não conseguiram sair. Os empresários viram que nossa posição era para valer. Apesar das inconveniências à população e do sensacionalismo da mídia, tínhamos certeza de que era um caminho sem retorno e que teríamos de correr o risco para chegar ao bilhete único antes do fim do mandato.

Começamos a fazer a limpeza. A prioridade era fazer licitação e concessão. Os empresários entraram na justiça, o Tribunal de Contas mandou parar a licitação. Foi um ano de briga. Tínhamos certeza de que eles seriam adequadamente remunerados, mas era duro fazê-los acreditar. "Tem que ter pulso para negociar com empresário de ônibus", dizia meu assessor Antonio Donato, depois secretário das Subprefeituras. Ao me sentar pela primeira vez com eles à cabeceira da mesa comprida do gabinete, tendo que falar duro e firme, me veio aos ouvidos a voz de meu pai, saída lá da infância. Notando que eu mandava nas brincadeiras, era sempre a líder da criançada, ele brincava: "Quando você crescer, minha filha, vou comprar um convento e você vai ser a madre superiora." Tantos anos depois, diante daqueles senhores desconfiados e furiosos, imaginei como teria sido leve a tarefa de comandar freiras.

Eu queria participar de tudo, olhar todos os detalhes. "Nossa, como você é detalhista!", resmungavam os secretários e outros integrantes da equipe. Quando se decidiu que os ônibus de cada região seriam identificados por cores diferentes, achei que uma delas bem que poderia ser cor-de-rosa. Jilmar Tatto me olhou com profundo desânimo. Dias mais tarde ele veio me pedir para voltar atrás. "Quando eu falei pro dono da empresa que os ônibus dele iam ser cor-de-rosa, o homem quase caiu da cadeira", contou-me Tatto. "Que motorista vai querer dirigir um ônibus rosa?! Que cobrador?!", o homem gemeu. Diante de problemas tão graves, não íamos brigar por isso. Sugeri imediatamente que se trocasse o rosa por marrom. Ficaram felicíssimos.

O bilhete único

O coroamento da reforma dos transportes seria o bilhete único, que conseguimos estrear em agosto de 2004. Houve grandes debates externos e internos. Uma corrente na Secretaria dos Transportes defendia que ele deveria ser só de ida — não valeria para o trajeto inverso. Bati pé: tinha que servir a quem voltasse, num prazo curto, ao ponto de partida. Lembrava das pessoas que fazem entregas de encomendas, pequenas compras, idas ao banco e visitas. Lembrava de uma amiga que tinha que ir todo dia visitar a mãe doente e sempre reclamava do custo das várias conduções. Ela poderia fazer um carinho na mãe, dar-lhe um banho, tomar providências práticas e voltar para casa com o mesmo bilhete. Preocupações femininas, certamente.

A estréia do bilhete foi a coisa mais tensa do mundo. Uma falha poderia significar o caos. Avisamos a todos os envolvidos: se alguma coisa não funcionar, liberem as catracas, a Prefeitura arca com o custo. Mas era muito dinheiro — teríamos um prejuízo difícil de absorver. A entrada em funcionamento de milhares de cartões magnéticos do bilhete sobrecarregou os computadores da Caixa Econômica, cujo sistema integrávamos. O sistema ficou lento e atrapalhou os jogos da Loteria Federal. Os jornais se esmeravam em duvidar. Nos primeiros testes, com estudantes, agigantavam todos os problemas. Parecia torcida contra. Rádios, televisões e portais de internet amplificavam a tensão. Mas nesse momento já contávamos com a confiança de empresários e perueiros. Aos poucos, fomos fazendo os ajustes necessários. As etapas mais complicadas tinham ficado para trás.

Foi muito duro, por exemplo, explicar aos perueiros, habituados a chegar em casa ao fim do dia com um maço de notas e uns tantos passes no bolso, que, por uma semana, eles não iam receber nada, que os passageiros iam apenas passar um cartão magnético e que só no final desse prazo eles poderiam passar na Prefeitura e receber seu pagamento. Eles olhavam aquele plano mirabolante com muita desconfiança. E resistiam. Os perueiros são pessoas simples, que só possuem aquele bem para ganhar a vida. Não tinham porque acreditar na Prefeitura e era natural que sentissem receio.

Depois que o sistema estava implantado, como eles continuavam a dirigir como loucos, desrespeitando idosos e leis de trânsito, fiquei pensando num modo de mudar esse comportamento. Eram milhares de reclamações. Para espanto de Jilmar Tatto, propus um psicodrama. Apesar dos meus argumentos e explicações, ele achou que eu delirava. Nessas horas é muito bom ser prefeita. Insisti, chamei Marisa Greeb, psicodramatista especializada em mudanças institucionais, e começamos o trabalho, que foi o maior sucesso. No psicodrama o indivíduo interpreta um personagem, e os perueiros tinham que se alternar entre ser o velhinho que caía da perua quando o motorista arrancava rápido demais, o motorista que xingava, o filho do idoso que via a perua não parar para o pai... Foi muito bom acompanhar a reação daqueles homens, que nunca haviam parado para refletir sobre nada, ao se verem como protagonistas daquelas situações. Depois de grande resistência inicial, eles se interessaram e gostaram de participar. Por muitos anos, Marisa apresentou a experiência em congressos internacionais. Não existem muitos outros casos de psicodrama no transporte público (ou, tampouco, de prefeitas psicanalistas).

Também do ponto de vista da comunicação visual e do design, a renovação deixou uma grande herança. As paradas de ônibus, projetadas por Marcelo Barbosa e Jupira Corbucci, vencedores do concurso aberto pela Secretaria dos Transportes, ganharam um prêmio da Associação Brasileira dos Escritórios e Arquitetura e já foram tema de reportagens em grandes revistas especializadas, como a brasileira *Projeto*, a mexicana *Enlace* e a italiana *Ottagono*, de Milão. Em 2008, as silhuetas recurvas e vermelhas das paradas foram expostas com destaque numa exposição dedicada a São Paulo, anexa à Arco, a grande feira espanhola de arte.

Uma mudança do porte da que realizamos em São Paulo é inédita e se tornou referência. Prefeitos de várias cidades do Brasil vinham ver como funcionava e os ex-secretários Carlos Zarattini e Jilmar Tatto recebem até hoje convites de outros países para expor o nosso Sistema Integrado. Demos ao poder público o controle dos transportes. Legamos à Prefeitura um sistema de inteligência e organização operacional que permitiria ainda grandes avanços, além de um bom plano na execução da troca dos ônibus velhos por novos e de aumento dos corredores e vias rápidas. Meu sonho, que chegamos perto de concretizar, era o ônibus com hora marcada, como nas grandes metrópoles do mundo. Se o ritmo das mudanças fosse mantido, a cidade teria evitado a situação crítica a que chegou depois de alguns anos sem investimentos nos transportes.

CAPÍTULO 8

S.O.S. Saúde

Faltavam quatro ou cinco dias para a posse e eu ainda não tinha um nome para a Secretaria de Saúde. Convidara para o cargo Adib Jatene, por quem tenho enorme admiração, mas ele estava totalmente imerso num outro projeto de criação de pequenos hospitais na periferia. Conversei então com Eduardo Jorge, que havia sido meu colega na Comissão de Saúde da Câmara dos Deputados, em Brasília, e que relutava em aceitar por saber exatamente o tamanho da encrenca. O PAS estava moribundo, os funcionários abandonando o barco, as contas explodindo em delegacia de polícia... Eu tinha confiança em que, com sua experiência e determinação, ele teria as condições necessárias para a formidável tarefa de trazer a saúde privatizada de São Paulo de volta para o município.

O enterro do PAS

Além do desmantelamento e das mesmas dificuldades financeiras que imperavam em todas as áreas do governo, o secretário da Saúde tinha um delicadíssimo problema de relações humanas para resolver. Quando Paulo Maluf criou o PAS, que entregou a saúde pública do município a cooperativas privadas, o corpo de funcionários da Secretaria rachou. Enquanto 13 mil servidores permaneceram em seus postos, encarregados de tarefas clássicas da saúde pública, como controle de zoonoses, vacinação, tratamento de tuberculose e saúde mental, 5 mil foram para as cooperativas e outros 10 mil profissionais recusaram-se a aderir ao PAS e foram exilados para outras áreas. Surgiram, assim, casos absurdos, como o do neurocirurgião alocado numa usina de asfalto, o do pediatra que passou quatro anos numa escola primária e o da veterinária que foi cuidar das relações internacionais da Prefeitura.

A primeira tarefa do secretário foi recompor esse tecido. Tratava-se de reconvocar e administrar a hostilidade e a tensão entre os exilados e os que permaneceram no PAS, de tal forma que essa atmosfera não obstruísse o que restava da eficiência da máquina, mais necessária do que nunca. Era preciso também substituir por pessoal vinculado por contratos de emergência os 12 mil profissionais contratados irregularmente. E, acima de tudo, caberia ao secretário garantir que, nesse campo minado, a rede não entrasse em colapso.

O contrato com as cooperativas ainda previa que elas funcionassem por mais seis meses, o que por um lado era necessário, já que algum tipo de atendimento à população tinha que existir, mas, por outro, tornava a Secretaria responsável pelas ações do PAS, sabidamente duvidosas. Foi preciso montar um time que fiscalizasse as cooperativas, para que tivéssemos certeza de que não iríamos validar nenhum procedimento ilícito.

Enquanto abríamos concursos para a contratação de pessoal e conseguíamos uma gratificação de emergência para os médicos — que passaram de R$ 764,00 para R$ 1.911,00 —, demos início à retomada da rede municipal, sem o que não poderíamos pleitear a gestão plena do SUS em São Paulo. Depois de entendimentos com o secretário de Saúde do governador Mario Covas, as unidades do estado passaram à Prefeitura.

O equipamento municipal, na descrição de Eduardo Jorge, parecia ter sido "devorado por uma praga de gafanhotos". Ele, melhor do que ninguém, tinha a dimensão do desastre, pois fora secretário de saúde na gestão de Luiza Erundina e deixara a Secretaria com 44 mil funcionários e cinco hospitais novos. Defrontava-se, oito anos depois, com os restos do que ajudara a construir. Sem nenhuma retaguarda burocrática, pois fora ela também desbaratada pelo PAS, a Secretaria só dispunha de uma equipe para licitar equipamento, material hospitalar e medicamentos para todas as unidades de saúde. Um pequeno exército de funcionários dedicados — "mil heróis", segundo Eduardo Jorge — foi fundamental para levar a bom termo aquela travessia.

Visitava com Eduardo Jorge os equipamentos da Prefeitura e ficava estarrecida. Quando entramos no almoxarifado da Secretaria, onde deveriam estar os remédios para toda a rede, suas prateleiras estavam desertas. "Ratos" tinham passado antes. Lembro de chegar ao Hospital do Jabaquara, especializado em politraumatismos, que atende grande parte dos acidentes da Rodovia dos Imigrantes, e perguntar quantos tomógrafos havia. A resposta que escutei: "Um que não está funcionando e outro quebrado no porão, prefeita." Heranças do PAS. Como explicavam os funcionários, desde que os responsáveis perceberam que iam perder as eleições, passaram a não consertar mais nada. Se um equipamento quebrava, ia para o porão. Às vezes, alugava-se outro aparelho, mas nem sempre. Eu olhava a situação e me perguntava: como vamos dar conta de recompor tudo isso? O buraco era muito maior do que o problema com os funcionários. Faltavam equipamentos e manutenção em todos os hospitais!

Logo soube que existiam, para a cidade inteira, quatro mamógrafos, máquina essencial na prevenção do câncer de mama. Pensava no desespero das mulheres que necessitavam fazer o exame. E me ocorreu uma idéia, no meio de uma festividade no Parque do Ibirapuera. Celebrávamos uma corrida feminina patrocinada pela Avon. Estavam presentes diretores e o presidente da companhia na América Latina. Fizeram lindos discursos, proclamando a solidariedade da empresa com a saúde da mulher. Quando chegou minha vez de discursar, docemente, pedi uma doação de cinco mamógrafos para as diferentes regiões da cidade. Após o susto, eles deram, e passamos a ter nove aparelhos — um deles acabou indo para o Instituto do Câncer. Fiquei contente, mas bastante humilhada por uma cidade da importância de São Paulo não poder adquirir seus próprios mamógrafos. Mais tarde, conseguimos comprar mais alguns.

PSF, o queridinho

O Programa de Saúde da Família, uma de minhas promessas de campanha, que deveria funcionar como a porta de entrada do sistema de saúde e garantir ao paciente um vínculo com seu médico, com sua enfermeira, era a menina-dos-olhos de Eduardo Jorge — e dos meus também. Por meio de parcerias com 12 entidades sem fins lucrativos e de reputação ilibada — Hospital Albert Einstein, Hospital Santa Marcelina, Hospital Santa Catarina, OSEC, Fundação Zerbini, Santa Casa, Instituto Saúde da Família, Instituto Adventista, CEJAM, Monte Azul, Fundação Faculdade de Medicina da USP e UNIFESP —, ele conseguiu montar 700 equipes, e pretendia chegar a 1.200, até o final da gestão. No entanto, cada equipe custava cerca de 20 mil reais por mês, e o nosso cobertor curto não dava conta de suprir também hospitais, pronto-socorros e todas as demandas de saúde da população. Dos 15 hospitais da Prefeitura, 12 estavam literalmente dilapidados. Salvavam-se apenas o Hospital do Servidor, que é uma autarquia; o Vila Nova Cachoeirinha, que, sabe-se lá por quê, não foi incluído no PAS; e o de Vila Maria, administrado pela mesma entidade que gerencia a Escola Paulista de Medicina e o Hospital São Paulo. A fim de tornar mais ágil a gestão da rede hospitalar municipal, criamos cinco autarquias. Com isso, garantia-se aos hospitais destinação orçamentária intocável, contratação de funcionários em regime de CLT, não por concurso — o que permite formar equipes mais flexíveis —, e a compra de material com independência do poder central.

Decisão complicada

Eu via os resultados, a avaliação excelente do PSF. Acompanhei muitas vezes as visitas das equipes às famílias. Era animador ver a paciência das enfermeiras ensinando aos idosos a dosagem correta do remédio, explicando cuidados básicos às mães de recém-nascidos... O programa era um sucesso, fazia toda a diferença. Ao mesmo tempo, recebíamos as reclamações causadas pela dificuldade de receber atendimento adequado nos hospitais.

Ser prefeita exige, às vezes, que se tome decisões muito difíceis e contra a maré. As filas eram grandes nas portas dos hospitais e Eduardo Jorge insistia em dar prioridade absoluta à meta de 1.200 equipes de médico de família. O PSF é fantástico, mas a saúde necessita de muitos outros tipos de investimento. É impossível partir do nada e chegar a 1.200 equipes em quatro anos. Já tínhamos quase 800 e eu insistia para ele investir no atendimento nos hospitais e nas UBS, Unidades Básicas de Saúde ou postos de saúde. A pessoa era examinada e muito bem acompanhada pelo médico de família, mas se quebrasse a perna, levava horas para ser atendida num hospital público.

Tínhamos que atender o cidadão que não era atendido pelo PSF e investir nas especialidades médicas, até para dar retaguarda ao próprio PSF, que detectava a doença e depois não tinha para onde encaminhar o paciente. O embate entre as prioridades que colocávamos e a recusa de Eduardo Jorge gerou um desgaste que me fez pedir seu desligamento em 2003. Apesar das tensões da saída, que não foi tranqüila, sou grata ao que ele conseguiu implementar e à sua dedicação. Não creio que tenha desfrutado de muitos finais de semana com a família naquele período.

Um servidor da saúde

Já tinha entrevistado quatro ou cinco médicos em busca de um secretário, e nenhum deles me convencera. Já estava a ponto de pensar em procurar uma firma de *headhunters* quando cheguei a Gonzalo Vecina, ex-diretor do Instituto Central do Hospital das Clínicas e, àquela altura, diretor-presidente da ANVISA, Agência de Vigilância Sanitária do Ministério da Saúde, comandada pelo então ministro José Serra. Bastou uma conversa para eu ter certeza de que era a pessoa que procurava.

Vecina nunca pertenceu ao PT; fora filiado ao PCB, do qual se desligou nos anos 1980. Era um servidor da saúde e considerava isso a coisa mais importante de sua vida. Senti que ele tinha condições de fazer um bom trabalho. Perguntei como era a relação dele com o ministro, e ele respondeu que o respeitava, mas estava interessado em vir trabalhar comigo. Muita gente me criticou por contratar alguém que trabalhava com Serra e que fora, no passado, chefe de gabinete de Raul Cutait, secretário de Saúde de Maluf. Nada disso me pareceu importante diante de seu histórico político e profissional. E de minha intuição. Minha única dúvida, como lhe disse, era que, no PT, levamos muito em consideração os conselhos de saúde da população. E são muitas as reuniões — nada é feito só com a cabeça do secretário e da prefeita. No decorrer de nossa convivência me surpreenderam o bom humor e a disposição do secretário: fazia reunião com a população sábado, domingo... Foi incansável. Todas as propostas que fizemos na campanha foram baseadas nas idéias que ele alinhavou. Fez um trabalho belíssimo.

Passamos a dar mais atenção ao atendimento de urgência e à instalação da rede do SAMU, Serviço de Atendimento Móvel e Urgência. Quando o governo federal começou a falar em SAMU, em 2004, já tínhamos toda estrutura pronta e 60 ambulâncias, em vez das 12 que encontramos em 2001 para atender a toda a cidade. Fizemos uma boa parceria com o governo francês e com o Hospital Albert Einstein para treinar pessoal para esses atendimentos, que têm que ser feito em minutos.

Brigada antidengue

Em 2002, houve um pico de contaminações de dengue que exigiu a contratação de mais agentes de saúde, campanhas de rua e de televisão e muita presença na periferia. Quantas vezes não fui com Eduardo Jorge fazer campanha aos sábados, nos bairros com problemas mais graves! Íamos de casa em casa e às escolas, para botar a molecada nas ruas detectando focos do mosquito. O trabalho com as escolas deu ótimos resultados. Eu lembrava de uma conversa com Cristovam Buarque, na época governador de Brasília. Relatou-me como a educação das crianças para o trânsito influenciava a maneira como os pais guiavam e atravessavam as ruas. Incentivávamos os concursos de desenhos de mosquitos, as redações sobre o assunto... As professoras me contavam que a criançada saía da escola inspiradíssima para inspecionar as caixas d'água de suas casas e dos vizinhos, ir aos depósitos e armazéns do bairro. Acabava sendo uma atividade educativa e lúdica que veio se somar às demais ações. O combate deu certo. Quando deixamos o governo, em 2004, São Paulo só registrava oito casos de dengue.

Nossas travessias

Fizemos muito na saúde. Na área dos programas específicos, passamos de nenhum a trinta centros de atendimento psicossocial; abrimos 56 unidades de atendimento a vítimas de violência doméstica, com pessoal treinado e capacitado pelo Instituto Sedes Sapientiae, ligado à PUC-SP; e fundamos ambulatórios de saúde bucal, outro programa da nossa gestão copiado pelo governo federal.

Nosso programa de assistência à saúde materna e infantil — Nascer e Viver Bem — foi um sucesso que a gestão Serra-Kassab se encarregou de continuar — tomando o cuidado de mudar o nome para Mãe Paulistana. Acrescentou aos cuidados médicos a doação de um enxovalzinho de bebê, ao mesmo tempo que retirou o passe de ônibus para a gestante ir fazer o exame pré-natal mensal, que depois se viu obrigado a recolocar. Em 2003, conseguimos, finalmente, entrar num território altamente problemático do serviço público de saúde, que é conseguir atender, além das pessoas que estão seriamente doentes, aquelas que têm uma doença de fácil atendimento e, até, as que desejam apenas verificar se estão doentes.

Nosso projeto para isso chamava-se Acolhimento, e vinha sendo gestado desde 2002, mas não tínhamos fôlego financeiro para avançar. O Acolhimento oferecia o tipo de serviço que as Amas, do governo Kassab, passaram a prestar.

Se alguém sente uma dor de cabeça, vai ao posto de saúde, recebe um comprimido e volta para casa. Se a causa da dor de cabeça for pressão alta, no melhor cenário ela volta dentro de alguns dias com o mesmo sintoma. No pior, pode sofrer um AVC. Do nosso ponto de vista, o sistema público tem de ser de longo alcance: deve ter meios para atender o paciente na hora da queixa e acompanhá-lo até a raiz do problema. Para isso, começamos a pensar na criação de policlínicas, uma para cada grupo de 200 mil habitantes, que na campanha, seriam batizadas de CEU Saúde. Elas viriam complementar o degrau que havia entre o raio de ação dos hospitais, encarregados de cirurgias e internações, e o das Unidades Básicas ou postos de saúde — responsáveis por consultas médicas, exames simples e tratamentos corriqueiros, como inalações e curativos. As clínicas que propusemos ofereceriam consultas de especialistas e exames mais sofisticados, que exigem estrutura de hospital-dia, serviços que estavam dispersos por hospitais de diferentes regiões.

Para criar os vinte primeiros postos do programa Acolhimento, fizemos uma pesquisa sobre as queixas mais freqüentes da população que busca as unidades de saúde. A Secretaria estabeleceu alguns protocolos e treinou enfermeiros para lidar com essas demandas. Grande parte delas se resolvia nessa primeira instância. Seria uma forma de diminuir as filas nos hospitais.

Uma história clássica do repertório dos médicos do serviço público de saúde, que Vecina gostava de contar, ilustra bem a questão da irrelevância do saber médico para boa parte dos atendimentos. Consta que uma mulher nervosíssima, chorando muito, chega a um posto onde o único médico de plantão é um pediatra. Por insistência da enfermeira, ele a atende e ouve sua história: o marido chegara bêbado e jogara sua cadelinha pela janela do quarto andar de seu apartamento no Cingapura. "Ele falava: 'voa, pombinha, voa...'", lastimava-se a pobre mulher, para o pediatra perplexo. A discussão era sobre até que ponto aquilo constituía um problema sanitário. E a conclusão é que, sim, aquela senhora tinha que ser atendida.

Outra questão embutida nessa história folclórica é a da falta de disponibilidade do profissional de saúde. Por contrato, os médicos têm obrigação de prestar até 16 consultas por dia e, salvo raras exceções, eles se apegam com grande determinação a essa regra. A mentalidade que gostaríamos de implantar seria a de atender enquanto houvesse pacientes para ser atendidos. Mas, para isso, precisávamos oferecer, além de muito mais estímulo e conscientização, remunerações mais compensadoras, o que estava naquela época fora do nosso alcance.

A batalha da gestão plena

Os grandes feitos da nossa administração na saúde foram a conquista da gestão plena da saúde municipal, com a entrada na rede do SUS e a informatização da Secretaria. Concluída em agosto de 2003, a gestão plena foi uma operação de guerra, porque a Secretaria tornou-se compradora de serviços de saúde da rede privada e emissora de pagamentos para essa rede, uma cultura complexa para uma estrutura como a nossa, ainda convalescente. Recebíamos as faturas dos prestadores privados, verificávamos se estavam corretas e emitíamos os pagamentos. No primeiro mês de funcionamento do sistema, atrasamos 18 dias. Os prestadores de serviços organizaram uma manifestação na Praça do Patriarca e acusaram o PT de querer destruir a rede particular. O pagamento, finalmente consumado, convenceu-os de que se tratava apenas de inexperiência. Logo o processo entrou na rotina.

Graças à conquista da gestão plena, o governo federal elevou o teto do orçamento da cidade, de forma que passamos a receber mais 35 milhões de reais para melhorar nossos serviços. Com o PAS, Maluf e Pitta não podiam reivindicar esses recursos, e a cidade é que perdia.

A segunda grande façanha da Secretaria da Saúde foi informatizar a rede, que até setembro de 2004, com 55 mil funcionários e 700 unidades de saúde, funcionava na base dos formulários e calculadoras. Orientados pelo Conselho Municipal de Informática, contratamos uma empresa de grande experiência. Junto com uma pequena equipe da Secretaria de Saúde, essa empresa desenvolveu um software escrito em Java e especializado em gestão de saúde, que já recebeu prêmios internacionais. Entregamos as fontes ao Ministério da Saúde e autorizamos sua utilização por qualquer órgão público do Brasil que se comprometa a tornar públicas as alterações que introduzir.

Nosso programa, chamado Siga Saúde, agenda consultas e procedimentos médicos, organiza consultórios, fluxos e estoques de materiais. Íamos precisar de 5 mil conjuntos de tela, leitor ótico, impressora e teclado, e de um servidor para cada uma das 386 unidades. Um acordo com a COBRA nos permitiu fazer um *leasing* em que cada conjunto não custaria mais do que 700 reais.

Conseguimos elevar a 17% a participação da saúde no orçamento de 2005. Foi graças a isso que a gestão Serra pôde fazer as Amas e inaugurar dois hospitais, o de Cidade Tiradentes, que deixamos quase concluído, e o de M'Boi Mirim, que deixamos licitado.

A criação das Subprefeituras e a decorrente instalação de 31 Coordenadorias de Saúde nos deram oportunidade de tornar a administração mais ágil e eficiente, ao colocar os gestores mais próximos das necessidades de cada região. Como nas demais áreas, a idéia era que a Secretaria definisse *o que* fazer e a Coordenadoria, *como* fazer — e, nessa instância, as prioridades devem variar segundo especificidades locais. A descentralização propiciou também o espaço fundamental para ações conjuntas de várias Secretarias.

Muitas demandas que costumam chegar às unidades de saúde não são conseqüência de problemas sanitários, mas da falta de equipamentos públicos e de atividades específicas para jovens e idosos. Na Unidade de Saúde do Jardim Macedônia, por exemplo, o diretor detectou um número excessivo de solicitações de consultas para cidadãos da terceira idade. Verificou que, freqüentemente, ir ao médico era a única atividade no horizonte do paciente, que passava todo o seu tempo desocupado e sem companhia. A demanda caiu rapidamente quando ele encontrou um espaço de convívio para colocar à disposição daqueles pacientes. Em outros bairros, em que as instalações do posto de saúde eram mais precárias, esse espaço foi buscado em instalações de outras Secretarias. Como dizia o secretário Vecina, certos problemas podiam se resolver melhor pela existência de praças do que pela prescrição de Prozac.

No caso dos adolescentes, percebia-se de maneira ainda mais flagrante a relação entre a total ausência de programas voltados para essa faixa etária e questões sanitárias como gravidez não planejada e doenças sexualmente transmissíveis. Só a ação conjunta com as áreas de educação, esportes, cultura e assistência social poderia resultar em soluções efetivas.

Um dos exemplos mais bem-sucedidos da eficácia de trabalhos intersetoriais foi o projeto Sexualidade e Direitos Reprodutivos, parceria entre as Secretarias da Saúde e da Educação. Foi criado como uma maneira de reduzir o alto índice de gravidez não planejada entre alunas da rede pública dos distritos de Cidade Ademar e Cidade Tiradentes, na Zona Leste. As Unidades de Saúde ofereceram atendimento especializado ao público feminino — ginecologistas, orientação sobre contracepção e dinâmicas com grupos de mulheres —, e a Secretaria de Educação que cuidava da orientação sexual nas escolas.

Foi em ações intersetoriais que investimos, a partir de 2003, nas Coordenadorias de Saúde. As Subprefeituras que contaram com bons coordenadores — e pelo menos 15 dos 31 iniciais, mostraram grande capacidade — conseguiram atingir ótimo padrão de atendimento. Estávamos no caminho certo.

Na campanha para a reeleição, a saúde foi tratada como a área na qual falhamos. Na verdade foi um trabalho hercúleo, com excelentes resultados em muitas áreas — além da municipalização e da informatização, tínhamos para mostrar a diminuição da mortalidade materna, redução de casos de Aids e controle da dengue, para citar só algumas conquistas. Deixou sementes que dariam frutos excepcionais, se tivéssemos tido a oportunidade de implantar o CEU Saúde, que seria o das especialidades.

Em maio 2008, acompanhei o presidente Lula na entrega do Quarteirão da Saúde, em Diadema, iniciativa do prefeito José de Filippi Júnior. Era o "nosso" CEU Saúde. Estavam à frente do projeto vários dos nossos antigos colaboradores. Ardi de inveja, mas também de alegria. Às vezes você não consegue levar até o fim uma idéia, mas deixa a semente e, mais adiante, ela frutifica.

Mea culpa

A responsável por subestimar os êxitos na saúde, e só falar das dificuldades, fui eu. É uma péssima mania que tenho: quando as coisas não estão 100% certas, fico presa ao que faltou, em vez de alardear as conquistas. Eu não me permitia comemorar o que estava bem porque as filas continuavam enormes; não podíamos nos vangloriar, pois ainda faltavam muitos aparelhos... Para a compreensível decepção do pessoal do setor, apontamos a saúde como a área mais problemática do governo, esquecendo o esforço formidável e bem-sucedido que foi municipalizar a saúde da maior cidade brasileira. A maioria achava a tarefa impossível. Hoje eu apresentaria nossa obra de outra maneira, com o orgulho que ela merece. Além de uma posição equivocada e injusta, fomos para o campo do adversário que se apresentava como o "melhor ministro da Saúde" de todos os tempos.

CAPÍTULO 9

São Paulo no mundo

Uma cidade de quase 11 milhões de habitantes, a mais rica da América Latina — se fosse um país, seria uma das cinqüenta maiores economias do mundo —, tem que valorizar suas relações exteriores. Eu ficava indignada de não participarmos das organizações internacionais nem de grandes redes como Mercocidades e Metropolis, entre outras. Na campanha, alardeei insistentemente que seria uma "caixeira viajante" da cidade. Entre a eleição e a posse fomos aos Estados Unidos para um primeiro contato com o Banco Mundial e o Banco Interamericano do Desenvolvimento. Queríamos São Paulo no mundo e vice-versa.

Quando chegamos à Prefeitura, as relações internacionais do governo estavam entregues a uma funcionária menor. Além de não ser especialista no tema, não queria muita conversa conosco. Convidei para cuidar da área Jorge Mattoso, economista e professor da Unicamp, com experiência internacional e que havia assessorado muitas viagens de Lula ao exterior, desde os tempos da militância sindical até a Presidência. Eu o conhecia de encontros do PT, mas não éramos íntimos. Pessoas próximas a mim me sugeriram seu nome e, em pouco tempo, já participávamos de encontros em outros países. A escolha foi gol. Quando Mattoso foi presidir a Caixa Econômica Federal, a convite de Lula, em 2003, o economista Kjeld Jacobsen, ex-diretor de Relações Internacionais da CUT, assumiu a Secretaria e levou adiante nossas propostas, com grandes resultados.

Criação de uma Secretaria

Depois de considerar diversas fórmulas possíveis e de pesquisar em cidades como Barcelona, Montevidéu, Buenos Aires, Madri e Lisboa o modo como conduziam as demandas dessa área, concluímos que uma Secretaria de governo seria a melhor fórmula — não custava um centavo a mais do que um departamento menos categorizado e, entre outras vantagens, teria mais poder para coordenar as relações internacionais do município e para captar recursos. Outros governos municipais muito eficientes no setor, como Porto Alegre, possuíam assessorias vinculadas ao gabinete do prefeito; Luiza Erundina também fizera um bom trabalho nessa área, coordenado por Ladislau Dowbor, economista e consultor de diversas agências da ONU, de cidades e de governos.

A tarefa da Secretaria era estabelecer uma política para o poder municipal como um todo, articulando as demais Secretarias e a prefeita. Sem isso, ela corria o risco de se tornar apenas um cerimonial, como aconteceria depois que deixamos a Prefeitura. Obviamente, alguns membros da equipe, como Jorge Wilheim, que tinha sido secretário da ONU na Conferência Habitat II, em Istambul, possuíam contatos no mundo inteiro, e toda a autonomia para ativá-los, mas a Secretaria de Relações Internacionais estabelecia os grandes eixos e prioridades. Para começar, a meta era estreitar os vínculos com outras cidades e azeitar as relações com instituições financeiras internacionais. Quebrada e sem possibilidade de pedir financiamentos, São Paulo precisava de todas as oportunidades de acesso a recursos a fundo perdido disponíveis fora do Brasil.

Mattoso montou uma equipe competente e bastante enxuta, quase sem funcionários de carreira. Dez, doze pessoas, no começo, cerca de trinta no final da gestão, se incluirmos aqueles vinculados a projetos especiais que trouxemos para São Paulo. Funcionava no salão de entrada do Palácio das Indústrias, espremida entre baias, imersa no calor e na barulheira infernais daquele lugar. Quando nos mudamos para o Palácio Anhangabaú, a Secretaria se instalou num andar abaixo do gabinete. Gostei de tê-los por perto. A equipe era jovem e comprometida, alguns assessores eram ex-alunos de Mattoso, todos falando pelo menos duas línguas estrangeiras e o chefe de gabinete, Giorgio Romano Schutte, sociólogo com experiência em movimentos sindicais, era muito bem relacionado com centros de estudo e outros organismos internacionais.

De pai holandês e mãe italiana e casado com uma brasileira, Giorgio fala inglês, francês, holandês, alemão, espanhol e italiano, além de português impecável. Para que pudesse ser chefe de gabinete, completou seu processo de naturalização em curso. Descobrimos porém que havia muitos outros casos de pessoas com visto permanente que poderiam contribuir com a Prefeitura, como na área de saúde e da cultura. Para isso enviamos à Câmara um projeto de lei que regulamenta a Emenda Constitucional que estipulou que estrangeiros podem exercer cargos públicos.

Tivemos a maior dor de cabeça. Alegando que a medida se destinava a favorecer meu marido, a imprensa a apelidou de Lei Favre, e a oposição adiou quanto pôde sua aprovação. Todo dia nos jornais liam-se insinuações de que a lei se destinava a permitir que meu marido trabalhasse na Prefeitura. E não adiantava explicar. É impressionante como esse tipo de amolação consome energia que o governante poderia utilizar em algo mais proveitoso. A lei acabou sendo aprovada e foi pioneira para o Brasil — e meu marido, como se sabe, nunca foi funcionário da Prefeitura.

Entrada, prato principal e mãe feliz

Minha primeira viagem ao exterior como prefeita foi a Genebra, para um dos maiores congressos mundiais sobre turismo, realizado em maio de 2001. Imaginem: São Paulo, centro de turismo de negócios nunca havia participado! Atendeu a um pedido de Eduardo Sanovicz, presidente da Anhembi Turismo e Eventos, empresa do município. Como ele bem sabia, faz diferença a prefeita conversar e anunciar pessoalmente o apoio que a cidade dará aos eventos. A viagem rendeu bons frutos. Conheci o prefeito de Genebra, Manuel Tornare, que se tornou meu amigo pessoal e da cidade. Graças a essa amizade, conseguimos fazer parceria com Lyon e Genebra no Fundo Internacional de Solidariedade de Cidades Contra a Pobreza e trazer para São Paulo um programa de formação em hotelaria para jovens carentes.

Foi através dessa parceria que, em 2004, a Câmara dos Vereadores ganhou um restaurante-escola. Todos os jovens formados por ele saem empregados ou capacitados a formar cooperativas de serviço de bufê. Alguns foram até convidados para trabalhar no exterior. A oitava turma de sessenta alunos formou-se em julho de 2008. Uma das lembranças da Prefeitura que mais me emocionam tem a ver com um rapaz desse curso. Morador da região de Marsillac, uma das mais pobres da cidade, contou-me que tinha preparado um presente de aniversário para a mãe. Explicou em detalhes como tinha posto a mesa para a festa — as flores entre os pratos e os talheres desiguais. "Foi tudo tão no capricho que ficou lindo!", ele me disse. "Eu fiz uma entrada, um macarrão e uma sobremesa, prefeita. E a minha mãe só chorava. Foi a festa mais linda que ela já ganhou!" Quando me tornei ministra do Turismo, inspirada nessas experiências, ajudei a criar vários restaurantes-escola pelo Brasil.

Luvas de pelica

Reforçados pela nossa excelente relação com a Prefeitura de Buenos Aires, começamos a pressionar para que São Paulo tivesse mais peso no Mercosul. No começo, o Itamaraty torceu o nariz. Além de eu ser uma prefeita petista no governo Fernando Henrique, eles não estavam acostumados a ver uma Prefeitura ter relações internacionais. Todos os contatos do Brasil no exterior eram feitos em instância federal e pelo Itamaraty. E, de repente, lá estávamos nós a fazer articulações, junto a outras cidades, como Porto Alegre, Rio de Janeiro e Belo Horizonte.

Houve até um momento tenso com o governo Alckmin, quando o primeiro-ministro da Irlanda, Bertie Ahern, visitou São Paulo, em julho de 2001, e eu o convidei para um almoço na Prefeitura. O governo do estado mandou dizer que isso não era permitido por lei — acenaram com um decreto da época do regime militar, que determinava que a agenda dos chefes de Estado era da alçada dos governos estaduais. Mandamos uma carta de protesto ao ministro das Relações Exteriores, Celso Lafer, argumentamos que a Constituição de 1988 dava autonomia às cidades. Houve uma acomodação, pude finalmente receber o visitante irlandês em um café-da-manhã e nunca mais tivemos problemas desse tipo.

Ao longo do trabalho, compreendemos que devíamos manter o Itamaraty mais bem-informado sobre nossos projetos, coisa que não fizéramos inicialmente. Sentindo-se envolvidos, os diplomatas acabaram por se tornar grandes colaboradores, sobretudo quando postulamos sediar as Olimpíadas de 2012 e quando propusemos a realização em São Paulo da UNCTAD, Conferência das Nações Unidas para o Comércio e Desenvolvimento, em 2004.

Aceitei convites de muitos chefes de Estado, como o primeiro-ministro inglês Tony Blair, o primeiro-ministro francês Lionel Jospin e o primeiro-ministro japonês Junichiro Koizumi, e foram todos proveitosos. A viagem ao Japão, a convite do governo japonês, foi a primeira realizada por uma cidade brasileira com uma ampla comitiva de empresários coordenada pela empresária do setor hoteleiro Chieko Aoki e pelo secretário Mattoso. Ela deu início a uma série de parcerias entre a cidade de São Paulo e o Japão, em particular na área de saúde para a mulher e cursos de formação para funcionários públicos de São Paulo.

Algumas coincidências vieram a facilitar nosso caminho. As duas maiores organizações de cidades, a Federação Mundial de Cidades Unidas (FMCU) e a União Internacional de Autoridades Locais (IULA) pretendiam fundir-se com a Metropolis, rede das cidades com mais de 1 milhão de habitantes, numa só entidade, a chamada Cidades e Governos Locais Unidos (CGLU), o que viria ocorrer mais tarde. Um Congresso preparatório estava marcado para maio de 2001, no Rio de Janeiro, e o prefeito Cesar Maia convidou-me para participar da mesa de abertura — o secretário do Meio Ambiente Alfredo Sirkis foi o portador do convite. A partir daí, passamos a participar ativamente desse processo de fusão, favorecendo a criação dessa nova organização que ficou sendo chamada de a "ONU das cidades", e São Paulo foi importante para a conformação do perfil progressista da nova entidade, garantindo uma ampla participação das cidades latino-americanas.

Nos primeiros meses de 2001, recebemos a proposta de abrigar em São Paulo um evento internacional para pequenas e médias empresas. Era um projeto um tanto confuso, feito por um mexicano que morava na Itália, e as conversas não andavam. A certa altura, Mattoso resolveu que não devíamos ficar a reboque de convites desse tipo — tínhamos que propor, nós mesmos, um grande evento. Daí começou a surgir a Urbis.

Uma agenda nossa

Era uma idéia muito inovadora e de grande impacto: uma feira internacional de cidades, em que os governos municipais exporiam seus projetos mais bem-sucedidos, e as empresas fornecedoras — de pavimentação, transporte, ônibus, material de construção, alimentação escolar, coleta de lixo e outras dezenas de itens — mostravam seus produtos e serviços num evento paralelo. Simultaneamente, faríamos um congresso internacional de prefeitos, secretários, acadêmicos, agências internacionais e ONGs para expor e debater políticas urbanas inovadoras. A proposta era ambiciosa, mas em junho de 2002, 11 meses depois da primeira idéia, inauguramos a Urbis no complexo Anhembi.

Os recursos surgiram de um convênio com a Alcântara Machado, empresa especializada em organizar feiras, os contatos e a produção ficaram por conta da energia da equipe. No primeiro ano, a feira atraiu mais de 15 mil visitantes e, num congresso paralelo, 2.600 pessoas debateram temas como modernização e fortalecimento da administração das cidades. O evento gerou empregos e uma receita de 10 milhões de dólares. Foi um sucesso. O Rio de Janeiro mostrou o Favela Bairro, Salvador trouxe a recuperação da favela dos Alagados — montou um estande lindo, com baianas servindo acarajé. Veio gente de Pequim, da Suíça, de Paris. Um dos estandes mais fascinantes exibia a história da reconstrução de Beirute, após o bombardeio de 1982. A presença da Prefeitura de Beirute, com o apoio da Câmara de Comércio Brasil-Líbano, foi o início de uma parceria entre São Paulo e Beirute.

Por três ou quatro dias, mudei a sede do governo para dentro do Anhembi. Encontrava pelos corredores o prefeito de Paris, o de Buenos Aires, prefeitos e secretários do Brasil e do mundo todo. Fizemos três edições, com número crescente de participantes a cada ano e a Alcântara Machado ia começar a recuperar seus investimentos quando a administração Serra extinguiu o evento.

Havia um programa da União Européia chamado Urb-Al, que pretendia formar uma rede de combate à pobreza urbana. Era ainda embrionário. Lutamos para que se tornasse realidade, para que se criasse a lei que lhe deu existência jurídica. Montevidéu e Buenos Aires também contribuíram muito para que isso acontecesse. Com o desenvolvimento dos nossos programas sociais, passamos a postular a coordenação da rede e ganhamos — havia essa preocupação permanente de dar visibilidade às nossas políticas. Esse tipo de associação também permite ver o que se faz de melhor no mundo inteiro. Não precisamos inventar a roda; existem boas idéias sendo produzidas nos mais diversos lugares. Embora os melhores programas de combate à pobreza venham, em geral, de governos progressistas, administrações conservadoras também têm experiências interessantes. A Urbis e a Urb-Al deram projeção internacional ao trabalho da Prefeitura de São Paulo e nos trouxeram conhecimento sobre ações de outros que, de outra maneira, não teríamos descoberto. Curiosamente essas articulações internacionais também estimularam maior intercâmbio com as outras grandes cidades brasileiras.

O grande sonho das Olimpíadas

Postular a sede das Olimpíadas de 2012 foi outra ação importante na frente internacional. A idéia surgiu num almoço com o vice-prefeito de Barcelona, em Porto Alegre. Quando ele me perguntou por que não disputar, percebi, num relance, que tínhamos todas as condições, mais até do que o Rio. O argumento do trânsito não era uma razão contra, mas exatamente um dos legados que os Jogos poderiam deixar: o projeto previa um esforço concentrado das três esferas, União, estado e município, para ampliar de forma significativa a linha de metrô e outras formas de transporte públicos, como os trens urbanos que ligariam os aeroportos ao centro da cidade. Claro que é um trabalho que precisa ser feito independentemente de termos os Jogos ou não, mas a experiência internacional nos mostrou quanto é preciso um esforço concentrado mobilizando todos os recursos possíveis em prazos improrrogáveis. Considerem que já em 2001 recebemos delegações de Pequim para estudar os corredores de ônibus na preparação dos Jogos que se desenrolariam em 2008 na capital chinesa. Possuíamos instalações, mão-de-obra capacitada e o poder de mobilizar recursos. Superada uma primeira onda de ceticismo, por São Paulo não estar acostumada a enfrentar esse tipo de desafio, a sociedade civil aderiu e obtivemos o apoio de cerca de 200 instituições — dentre elas o Sesc, a Arquidiocese, a Bolsa de Valores, a TV Cultura, a Telefônica, times de futebol e redes de hotéis. Lembro de um artigo de Heródoto Barbeiro em um jornal, com o título "Por que não?" Ele respondia às dúvidas que prevaleceram no início.

Eu presidia o conselho e tinha como vice-presidentes Abilio Diniz, do Grupo Pão de Açúcar; Lars Grael, secretário estadual da Juventude, Esportes e Lazer; o governador Geraldo Alckmin; o presidente da Federação Aquática Paulista, Miguel Carlos Cagnoni; e o atleta olímpico Nelson Prudêncio. A engenheira Nádia Campeão, secretária municipal dos Esportes, era a coordenadora da proposta. Além de Nádia, Jorge Wilheim, do Planejamento, e Jorge Mattoso formavam o núcleo do grupo, que envolvia sete Secretarias. O governo do estado se aliou à causa e passou a trabalhar a todo vapor com nossa equipe, no Anhembi. No dia da apresentação, no Rio, comparecemos juntos Geraldo Alckmin e eu.

Perdemos a disputa, mas a experiência de lutar pela nossa proposta foi um aprendizado precioso, que aumentou consideravelmente o nosso *know-how* para ações internacionais e conferiu-nos nova musculatura em matérias como identidade, auto-imagem e auto-estima. As duas propostas de postulação, a do Rio de Janeiro e a de São Paulo, como comentava Giorgio Schutte, da Secretaria de Relações Exteriores, mereceriam uma tese de psicologia. O Rio se apresentava como um lugar, além de maravilhoso, perfeito; o discurso de São Paulo era cheio de cautelas. Além disso, enquanto a imprensa carioca comprou a causa das Olimpíadas no Rio como uma verdadeira campanha, a imprensa paulista só fazia bater na nossa pretensão.

Notamos que faltava a São Paulo uma identidade. Paris é a Cidade Luz, Roma é a Cidade Eterna, o Rio é a Cidade Maravilhosa. São Paulo é o quê? A maior? A mais rica? Isso não bastava. Todas as ações tornam-se mais difíceis numa cidade que não se percebe, e atrair o olhar externo também requeria mais esforço com essa auto-imagem embaçada. Era necessário levantar as razões de orgulho de São Paulo para projetá-la no mundo e, ao mesmo tempo, ajudar a elevar a auto-estima e o orgulho dos paulistanos. Afirmar, por exemplo, que era a cidade do maior programa mundial de inclusão social. No final da gestão, contávamos com os CEUs, que simbolizavam todos os projetos de inclusão social de forma integrada. No primeiro ano, entretanto, a marca da gestão ainda não estava tão clara. Foi também por isso que investimos na imagem de São Paulo: Cidade dos Mil Povos, lugar de convivência de comunidades oriundas do mundo todo.

O mundo se reúne em São Paulo

Em 2002, a ONU estava preparando a realização da sua XI Conferência para o Comércio e Desenvolvimento, a UNCTAD, fundada em 1964 com o propósito de discutir maneiras de tornar mais igualitárias as relações comerciais entre os países de todo o mundo. O secretário-geral da UNCTAD, embaixador Rubens Ricupero, já conseguira que o encontro de 2004 acontecesse no Brasil, mas esperava-se que a sede fosse no Rio de Janeiro ou, talvez, em Belo Horizonte. Embarcamos para Genebra a fim de tentar convencer o embaixador a trazê-la para São Paulo. Apontávamos para as vantagens de um encontro desse tipo se realizar num centro multicultural, como São Paulo. O secretário Kjeld Jacobsen (que nasceu na Dinamarca, como faz supor seu nome, mas é brasileiro naturalizado), fez uma ampla exposição, em que apontou nosso peso internacional, a capacidade de mobilizar o mundo acadêmico e o poder econômico. Ricupero acabou por concordar com nosso ponto de vista e foi um grande parceiro.

O encontro aconteceu no Centro de Conferências do Anhembi, que, durante aqueles dias, tornou-se território das Nações Unidas. Compareceram 192 delegações, com ministros, chefes de Estado, empresários e representantes da sociedade civil. Como país sede, o Brasil teve mais peso para contribuir na manutenção da força da UNCTAD, sob intensa pressão das grandes potências, interessadas em deixar as questões do comércio na esfera da OMC, Organização Mundial do Comércio.

Simultaneamente — e daquela vez como parte da programação da UNCTAD, realizou-se no Expo Center Norte, próximo do Anhembi, a terceira edição da Urbis. Entre chefes de Estado, delegados, assessores e seguranças, recebemos cerca de 6 mil visitantes, que injetaram quase 20 milhões de dólares na indústria turística da cidade. Reformamos o Centro de Convenções do Anhembi, que só então passou a dispor de equipamento de tradução simultânea, de mesas no plenário e de salas de reunião suficientes para eventos desse porte.

O então secretário-geral da ONU, Kofi Annan, foi visitar nossa feira das cidades e conhecer o CEU Campo Limpo, um dos mais bonitos, com seu pequeno bosque. Para desespero da segurança, Annan, totalmente descontraído, deixou-se cercar pelas crianças no pátio, num momento mágico. Afirmou que o CEU era uma grande solução para a inclusão social e para a conquista das metas da ONU para o milênio.

Em 2004, realizou-se em Paris o Congresso de fundação da CGLU, a "ONU das cidades", que passou a congregar mais de mil municípios situados em 127 países membros das Nações Unidas. Como já me referi, esse foi um longo processo, de que participamos desde o início. Com o trabalho desenvolvido no Mercosul, havíamos consolidado a maior participação das cidades desses países, liderados por Montevidéu, Buenos Aires, Assunção e São Paulo. Como resultado, recebi o apoio de toda a região. Por causa de seu trabalho na assessoria internacional do PT, meu marido, Luis Favre, tem excelentes relações com os partidos de esquerda europeus, o que também ajudou. Fui um dos três nomes eleitos para mandatos seqüenciais — os outros dois eram os prefeitos de Paris, Bertrand Delanoë, e de Pretória, África do Sul, Smangaliso Mkhatshwa. Após a nomeação, tive a honra de ser escolhida a primeira mandatária. Estar entre os três já era uma verdadeira façanha que exigiu esforços de muitos em São Paulo, no Brasil, na América Latina e no mundo. A eleição aconteceu na primeira Assembléia Geral da CGLU em Paris, no Palais des Congrès, aberta pelo presidente Jacques Chirac. Participaram da escolha 338 representantes, de cidades como Tóquio, Osaka, Londres, Roma, Madri, Barcelona, Montreal, Quebec, Beirute, Buenos Aires, Bogotá, México, Montevidéu e Pequim.

Para quem pretendia colocar São Paulo no mundo e vice-versa, estávamos indo muito bem.

14 meses em Brasília

Não sabia que, alguns anos depois, seria convidada pelo presidente Lula para ser ministra do Turismo. A experiência, aprendizagem e contatos adquiridos, ao recolocar São Paulo em organizações internacionais, me seriam muito úteis nessa nova função.

Quando o presidente me convidou para ser ministra, aceitei o desafio com muita animação. No Ministério, levei algumas semanas para saber o que importava para o Brasil em relação ao turismo; para perceber o excelente trabalho que meu antecessor, Mares Guia, fizera; e para me dar conta de que o passo seguinte deveria ser a inclusão social nas viagens: o país crescia, o brasileiro trocava do carro à televisão, formava-se uma enorme classe média. Pensei: se conseguirmos oferecer viagens a preço de uma conta de celular, este povo vai conhecer o país em que nasceu. E vamos diminuir a desigualdade regional, gerando emprego e renda o ano todo. Daí nasceu o primeiro programa: Viaja Mais, Melhor Idade. E, logo, tantos outros.

Foi uma fantástica oportunidade de conhecer a máquina federal, as belezas a serem exploradas neste país pelo turismo e esse gigantesco setor gerador de milhares de empregos em todas as categorias sociais. Creio ter feito, em 14 meses, um trabalho inovador e marcante. De um lado, em relação à realização de programas para o desenvolvimento do turismo interno e posicionamento no exterior através da Embratur. De outro, deixando um planejamento de ações futuras e estabelecendo uma relação inédita com o Congresso. Mas foi enquanto ministra que vivi uma das mais difíceis situações de minha vida. E, pior, criada por mim.

Era para ser um dia de glória. Havia conseguido produzir um Plano Nacional para o Turismo Brasileiro 2007-2010 e iria anunciá-lo com a presença de Lula, ministros, embaixadores dos países mais representativos, oito governadores, parlamentares de todos os partidos e a presença do presidente da Câmara, Arlindo Chinaglia. Tal representatividade é bastante difícil de conseguir, e a presença do presidente é disputada a tapa nos eventos ministeriáveis. A sala estava lotada, o plano a ser anunciado continha inovações importantes e poderia ser um marco na possibilidade do brasileiro viajar. Introduzíamos a inclusão social como uma vertente importante para o Ministério e eu percebi que ali estava marcando um gol. E em pouquíssimos meses.

Tudo ia às mil maravilhas. Fiz um discurso inspirado, o Arlindo derrubou um copo de água no presidente, gerando graça e confusão, nós ríamos e o clima era o mais descontraído possível. O presidente leu parte de seu discurso e depois atacou de "chega de bermudão, ficar em casa vendo TV...", o que me gerou certa preocupação, pois olhava a imprensa escrevendo freneticamente o que ele dizia, e eu imaginando as manchetes do dia seguinte com críticas ao linguajar usado.

Mal sabia eu o que estava por vir. Tinha sido amplamente alertada, pela assessoria, para as cascas de banana que poderiam surgir na coletiva. O clima gerado pelos atrasos nos aeroportos era terrível. O Ministério estava fazendo tentativas de criar salas para os idosos, fazendo pressão para serem colocados mais guichês, mas além disso pouco podíamos fazer. Era uma situação difícil e delicada porque, quando você é governo, é responsabilizado e não tem jurisdição para atuar. As perguntas vieram e não tropecei, nem caí em nada. Estava exultante, tudo tinha saído melhor do que a expectativa. Quando me virei para sair, dei alguns passos, e uma pergunta lá de trás me fez virar: "Mas ministra, como viajar com tanta espera, o que a senhora sugere?" E eu respondi: "Relaxa e goza." Na hora percebi que poderia ser mal interpretada e emendei: "É como um parto, duro, difícil, mas depois vale a pena quando você chega no lugar."

Da euforia passei para a apreensão de que aquela frase infeliz e estapafúrdia pudesse ser explorada de forma muito ruim. Bastaram algumas horas para ter certeza do estrago e da compreensão errada sobre a frase. Eu queria explicar que, como ministra do Turismo, minha obrigação não era desanimar as pessoas de viajar e sim pedir que tivessem paciência com aquela situação momentânea e que não desistissem de seus planos.

Em pouco tempo me dei conta de que não haveria a menor possibilidade de tentar explicar e que a frase já rolava solta com todas as conotações negativas inventadas possíveis. O correto seria pedir desculpas e não tentar explicar nada. Foi o que fiz.

Minha infelicidade e desespero foram enormes. O desamparo também. Não por falta de solidariedade da equipe que, apesar de certamente querer me matar, se sensibilizava com a situação. Eu pensava no esforço de dezenas de funcionários para tudo sair tão bem, meses dedicados na elaboração do plano nacional, tudo por água baixo por uma frase infeliz.

Ninguém nem mencionou o plano. Era só a frase ressoando em todos os cantos. Não sei como dormi naquela noite. Chorava, sentia raiva da minha estupidez, das pessoas que se aproveitavam de uma frase infeliz para acabar com uma reputação. Não sabia o que fazer e tinha uma entrevista às 8 da manhã na Radiobrás para trinta emissoras. Pensei em cancelar. Não tinha nenhuma condição de ir. Mas não cancelei. Fui tremendo e meio chorando para a entrevista. A fiel escudeira Montserrat Bevilaqua, assessora de comunicação, segurando todas e tentando me acalmar. Revisei os temas do turismo que poderiam ser abordados. Emissoras de todo o país entram e livremente fazem sua pergunta. Creio que as de São Paulo se referiram ao assunto. Não lembro o que respondi, mas sei que me saí um pouco melhor. Os dias seguintes foram de pesadelo. Não podia entrar nos aeroportos, pois havia desde brincadeiras até xingamentos pesados. Uns dias depois fui viajar com o presidente, que, carinhosamente, perguntou: "Como você está, Marta?" E eu respondi: "Como poderia estar, presidente? Péssima." Ele me abraçou e disse baixinho: "Relaxa."

Levei um susto. Eu não sabia exatamente o que iria acontecer pois ele não se manifestara até então. É o jeito do Lula. Colocou os pontos nos is sem explicação alguma. Fiquei mais confortada, mas seriam meses até poder entrar num aeroporto. A situação ficou muito mais grave quando, em seguida, tivemos o acidente com a TAM. A frase voltou. Colunistas e radialistas não deixavam escapar nenhuma oportunidade para colocá-la, num desrespeito total às vítimas e a mim ao desvirtuar e descontextualizar a frase. Ficava indignada e pensava como fazer para expressar minhas condolências às famílias das vítimas. Estava fora de questão visitar ou escrever uma carta pessoal à cada família. Tal atitude seria mal interpretada, e para uns, certamente, ofensiva. As famílias que haviam perdido pessoas queridas, estimuladas pela imprensa, comentavam ofendidas a frase, como se tivesse sido dita em relação à tragédia. E não antes, num contexto de estímulo a viajar.

Aos poucos fui tendo experiências diversas. Fui à Bahia, e era um martírio cada viagem. Tive a surpresa de ver as pessoas tirarem sarro. Brincavam com a frase. Notei que a população mais simples, em vários lugares, levava na galhofa. Entrementes os jornais acabavam comigo e com minha futura carreira. Os inimigos exultavam. O fogo amigo estava deliciado, felicíssimo, e os amigos aguardando o que sobraria de mim. Não quero para ninguém tal experiência.

Minha nora Maria Paula me disse uma frase boa: "Marta, todo ator sabe que logo após um grande êxito tem que se recolher antes de conversar com a imprensa. A adrenalina está alta, o sucesso sobe à cabeça e a pessoa fala o que não deve."

CAPÍTULO 10

A chance de intervir no caos

A falta de planejamento, numa cidade que cresce na velocidade de São Paulo, rende frutos demasiado conhecidos dos paulistanos: engarrafamentos, poluição, enchentes, falta de verde e de moradia popular, entre outras mazelas. Quando assumimos, em 2001, fazia 35 anos que São Paulo não dispunha de um Plano Diretor decente e de um zoneamento adequado. Alguns males já se haviam cristalizado — minhocões, avenidas estranguladas por arranha-céus indestrutíveis, avenidas em fundos de vales (as enchentes me mostraram a gravidade de decisões desse tipo). Outras distorções ainda teriam salvação, se o poder público se adiantasse à especulação imobiliária. Por isso, um novo Plano Diretor era uma das prioridades do meu programa de governo. A cidade estava sedenta de racionalidade e de harmonia. Ninguém agüentava mais viver naquela selva, com leis decrépitas e desrespeitadas. Uma confusão geral, para não dizer barbárie.

Logo pensei em Jorge Wilheim para ser o capitão dessa batalha, que exigia experiência e fôlego, por sua complexidade, além de argumentos sólidos, já que teríamos que contrariar grandes interesses. Secretário de Estado no governo de Paulo Egydio Martins, nos anos 1970, de Mario Covas e de Orestes Quércia — estruturou a Secretaria Estadual do Meio Ambiente, em 1987 —, quando aceitou meu convite, Jorge já desenvolvera planos diretores para Curitiba, Joinville, Campinas, Goiânia, Fortaleza e Natal, entre outras cidades brasileiras.

Jorge reencontrou na Secretaria muitos dos funcionários que tinham trabalhado com ele no tempo de Mario Covas. Com gente já treinada em seus métodos, que exigem esquadrinhar a cidade, em dez meses ele concluiu a primeira versão do novo documento e pudemos iniciar a etapa dos debates. Na nossa gestão, participação popular era um compromisso para todas as áreas. No planejamento, especialmente, é uma prática que previne muitos enganos e aperfeiçoa os resultados, porque ninguém conhece melhor uma região ou um bairro do que seus próprios habitantes. Uma das coisas que o time da SEMPLA, Secretaria de Planejamento, aprendeu foi traduzir a linguagem técnica e jurídica para a compreensão geral — foram realizados cerca de 300 encontros, que envolveram quase 10 mil pessoas.

A sociedade paulistana é muito articulada — congrega uma quantidade enorme de grupos, sociedades de amigos de bairro, organizações. Compareciam aos nossos encontros técnicos e representantes de todas elas. Ao final, não foi preciso introduzir nenhuma mudança essencial no plano. As pressões mais fortes vieram, é claro, do mercado imobiliário, dos ambientalistas e das entidades de engenharia e arquitetura — ou seja, dos grupos que tinham interesses corporativistas no resultado. Jorge fazia reuniões semanais com essas entidades, que conhecem muito bem urbanismo e lei. Examinavam artigo por artigo. Algumas vezes a argumentação clara de Jorge não bastava, e chegava uma hora em que ele pronunciava uma famosa frase de Rousseau: "O interesse público não é a mesma coisa que o interesse de todos."

Às vezes a pressão se fazia diretamente sobre mim, como no caso dos comerciantes da Gabriel Monteiro da Silva. Parte da rua era comercial, parte tinha permissão para exercer alguns tipos de atividade, mas era uma zorra geral. Era pressão de moradores organizados, que queriam fechar todo o comércio, dos especuladores imobiliários, dos vereadores — pressão de todo tipo. E Jorge fazendo as audiências públicas, a explicar com uma paciência de Jó, argumentar e defender o interesse público.

A conquista do Plano Diretor

Uma das inovações do nosso plano foi a divisão das propostas entre diretrizes de longo prazo e ações estratégicas. As diretrizes têm um horizonte de duração de pelo menos dez anos, enquanto as ações estratégicas, obras e medidas legais que encaminham a diretriz, não devem durar mais do que quatro anos, para dar liberdade de movimento a outras administrações. Consultados pela imprensa, especialistas, alguns deles técnicos e secretários de administrações anteriores, que haviam se debruçado sobre a tarefa de elaborar um Plano Diretor por anos a fio, sem produzir qualquer resultado prático, reclamaram do excesso de lacunas e da falta de regras rígidas. A imprensa repercutia amplamente suas críticas.

Nossa proposta mais polêmica foi reduzir todas as novas construções ao coeficiente 1 de edificação, chamado "coeficiente básico" — o que significa permissão para construir em toda a área do terreno de cada lote, até dois andares e, a partir daí, cobrar pela área suplementar, o que atende pelo nome pomposo de outorga onerosa. Essa receita iria para um fundo de urbanização. Pela lei, o dinheiro deste fundo só podia ser gasto em melhorias ambientais, transporte público ou habitação social. Era uma forma engenhosa de administrar parte do lucro imobiliário das regiões mais caras em benefício do conjunto da cidade, mas ia dar o que falar.

Tive que arbitrar inicialmente a discordância entre dois secretários, por sinal muito amigos. João Sayad, das Finanças, estava convencido de que o coeficiente 1 de construção ia baixar drasticamente o recolhimento do IPTU e seria desastroso para a cidade. Jorge Wilheim argumentava que o IPTU é calculado por muitas outras variáveis, como a localização e o estado de conservação do imóvel. E que, a longo prazo, o custo dos terrenos baixaria, mas isso não seria nem imediato nem simultâneo em todas as regiões da cidade. E a redução do custo do terreno, no final das contas, beneficiaria o cidadão. Arbitrei a favor da visão de Jorge. Faltava ainda vencer a oposição externa. O fato de que São Paulo passou 35 anos sem Plano Diretor mostra que a conveniência do setor corporativo da construção civil sempre falou mais alto que o interesse coletivo. Estávamos determinados a romper essa tradição.

O mercado imobiliário manifestou ruidosamente seu desagrado em relação ao coeficiente 1. Alguns empreiteiros chegaram a dizer que seriam obrigados a abandonar São Paulo. Os protestos ecoaram na Câmara: os vereadores da oposição avisaram que, sem a eliminação desse item, seria muito difícil aprovar o projeto, e fizeram previsões sombrias: as construções iam encarecer demais, provocando a debandada dos construtores, desemprego na construção civil e prejuízos para a classe média. Wilheim não se impressionou. Declarou que sair de São Paulo seria o mesmo que fugir do próprio negócio. Afinal, não se constrói em São Paulo porque o coeficiente de construção é alto, mas sim porque é aqui que se encontram os compradores. Além disso, ele insistia, se o construtor pagasse para poder construir mais, estaria gerando recursos para intervenções urbanas vitais para a cidade.

Os contatos entre o secretário e o Secovi, Sindicato das Empresas de Compra, Venda, Locação e Administração de Imóveis, eram cordiais — muitos integrantes haviam sido seus colegas de faculdade ou clientes de seu escritório. Cordiais, *ma non troppo*. Uma vez o convidaram para um café-da-manhã com a diretoria e, quando ele chegou, sozinho, encontrou um auditório de 250 lugares lotado, à sua espera. Jorge não esperava uma argüição agressiva, mas o plano era tão consistente que ele respondeu, uma a uma, todas as críticas que eles fizeram.

Em fevereiro de 2003, lançamos na Câmara Municipal a "Cartilha de Formação Sobre o Plano Diretor" e demos início a um ciclo de debates aberto ao público — "Planejando São Paulo: do Plano Diretor às Leis e Planos para um Novo Ordenamento Urbanístico." No começo de julho, um grupo de entidades, entre as quais a Associação Comercial de São Paulo, advogados e empresários, publicou quatro páginas de anúncio nos principais jornais da cidade. O título: "Quem perde com o Plano Diretor." Entre outras acusações, o anúncio afirmava que o "plano de Marta" gerava "confusão e insegurança", e que os cidadãos teriam "parte do preço dos terrenos confiscada". No dia seguinte, compramos uma página nos principais jornais, para poder explicar os verdadeiros propósitos do trabalho: "Só perde com o plano quem especula, quem não se importa com os congestionamentos, [...] quem não liga para a perpetuação de favelas e quem, por isso, acha que não há pressa em aprovar (o Plano)."

A imprensa não se interessou pelo conteúdo do comunicado. Pareceu-lhe mais relevante assinalar que a Prefeitura tinha gastado 210 mil reais para se comunicar com a população. Considerando que os 840 mil reais pagos pelos críticos do plano não causaram o menor espanto, vale a pena assinalar a maneira enviesada como os meios de comunicação vinham cobrindo o assunto. Podíamos cansar de explicar nossos pontos de vista que não saía uma linha.

A primeira rodada de negociação com a Câmara dos Vereadores para a aprovação do projeto foi conduzida com proverbial habilidade pelo líder do governo, hoje deputado federal, José Mentor, um dos melhores parlamentares que conheci. Quando Mentor se afastou para candidatar-se a deputado federal, o vereador João Antonio o substituiu na tarefa, também com grande habilidade. Até então o projeto resistia mais ou menos intacto em sua essência. Na votação da Lei de Zoneamento e dos Planos de cada Subprefeitura, que foram elaborados, debatidos e aprovados em 2004, como desdobramento obrigatório da Lei do Plano, aprovada em 2002, o coeficiente básico 1 da proposta original sucumbiu à campanha pesada do Secovi e, em algumas áreas da cidade, subiu para 2 ou 3. Assim, o montante destinado ao Fundo de Urbanização ficou muito reduzido. Os empreendedores conseguiram com isso atender melhor a seus interesses corporativos, e o fundo ficou reduzido à metade do que prevíamos. Se o plano tivesse sido aprovado na forma original, teríamos um ótimo montante.

Ao comentar sua persistência, apesar das decepções inevitáveis do processo político, Jorge, que nasceu em Trieste, na Itália, filho de húngaros, e chegou ao Brasil com dez anos, fugindo da guerra na Europa, costuma citar Macunaíma: "Não vim ao mundo para ser pedra."

Apesar das mudanças, nosso Plano Diretor foi logo copiado em diversas cidades do Brasil. Em 2007, Jorge o apresentou em Washington, no Woodrow Wilson Center, prestigiosa instituição americana suprapartidária, que se dedica ao estudo de diferentes assuntos da atualidade. Um fórum de urbanistas do Canadá, da Espanha, da Catalunha, da Romênia e dos Estados Unidos saudou-o como "um vento novo no urbanismo". Ele me telefonou para contar, e fiquei feliz com a boa repercussão.

CAPÍTULO 11

A volta ao Centro

Até a primeira metade do século XX, o Centro era o endereço residencial mais elegante de São Paulo e o coração da sua vitalidade econômica. Os bancos, as sedes de grandes empresas, os clubes da elite, o comércio caro — era lá que tudo se concentrava. Dona Filomena Matarazzo Suplicy, minha querida ex-sogra, sempre contava dos chás que tomava no Mappin enquanto descrevia como era a vida das donzelas do início do século passado. Quando eu era menina, minha dentista, dra. Haydée, atendia num consultório na Rua Libero Badaró, e cada ida ao dentista era uma excursão a um mundo desconhecido: muita gente na rua e a doceira aonde íamos comer uma bomba de chocolate, para desgosto da dra. Haydée.

À medida que a população abastada migrou para outras regiões — como a Avenida Paulista, os Jardins, o Morumbi —, o Centro tornou-se uma região apenas comercial, superpopulosa durante o dia e deserta à noite. Os belos edifícios residenciais, demasiado caros para a população modesta que trabalhava ali, esvaziaram-se e decaíram, acelerando a desvalorização. Logo foi a vez de as empresas iniciarem seu êxodo para a Paulista, a Faria Lima, a Luis Carlos Berrini...

Em 2000, muito degradado, com apenas sete empreendimentos imobiliários aprovados nos distritos Sé e República, o Centro estava moribundo. Os 400 mil habitantes que chegara a ter na década de 1940 tinham-se reduzido a 67 mil, e a região era uma terra de ninguém, atravessada diariamente por 2,5 milhões de pessoas que desembarcavam de ônibus vindos de todos os cantos da cidade graças à irracionalidade dos transportes municipais. Oito varrições por dia não eram suficientes para eliminar a sujeira sempre renovada por transeuntes sem vínculo com o lugar. A população de rua era enorme, a corrupção campeava, os camelôs nos afrontavam e, claro, era preciso lidar com as enchentes, pois não havia como manter desobstruídas as bocas de lobo e as galerias sob semelhante caos.

Em busca de recursos do BID

Um potencial empréstimo acertado com o Banco Interamericano de Desenvolvimento, BID, ainda na administração Pitta, poderia destinar 100 milhões de dólares ao Centro, desde que o poder público apresentasse um projeto confiável de recuperação da área e se comprometesse, em contrapartida, a investir ali outros 100 milhões. Não era nenhuma quantia impressionante. Reformas urbanas como as da margem sul do Tâmisa, na virada do milênio, ou a da margem esquerda do Sena, a Rive Gauche, ou a de Boston, chegaram a consumir 80 bilhões de dólares. Mas o dinheiro do BID era a única verba no nosso magro horizonte, o último empréstimo autorizado à cidade endividada, e poderia servir de alavanca para novos empréstimos da iniciativa privada.

Estávamos impacientes por obter os recursos. Além de precisar desesperadamente de fôlego financeiro, queríamos mostrar que, embora estivéssemos investindo muito na periferia, preocupávamo-nos com toda a cidade — e o Centro é um lugar de todos. Para por de pé o projeto e obter o mais depressa possível o sinal verde do banco, chamei a arquiteta Nadia Somekh. Nadia tinha vinte anos de SEMPLA trabalhara com Luiza Erundina, na Prefeitura de São Paulo, e com Celso Daniel, em Santo André, e fora secretária municipal em São José dos Campos. Para que ela atuasse sem demasiados entraves burocráticos, coloquei-a na vice-presidência da Emurb, Empresa Municipal de Urbanização. A saída do presidente, o ex-vereador Maurício Farias, nomeado para o Tribunal de Contas do Município, logo depois colocou-a à frente da empresa.

O banco aprovou nossa proposta rapidamente, pois a adesão da sociedade civil, dos empresários, dos movimentos populares e do próprio governo dariam uma feição democrática ao plano, de grande impacto social. Por reconhecer os benefícios que ele produziria, o BID reduziu a contrapartida da Prefeitura a 40% do total do empréstimo. Ainda seria preciso esperar oito meses até que o Senado Federal aprovasse a operação e se convencesse, finalmente, de que ele independia do endividamento, que nada tinha a ver com recursos federais ou, muito menos, com alguma proteção a São Paulo em detrimento das necessidades do Nordeste, como alegaram alguns senadores. Mal sabiam eles quantos cidadãos nordestinos radicados em São Paulo se beneficiariam com as nossas políticas.

Batizado de Ação Centro, o projeto fundava-se em três alicerces: inclusão social, desenvolvimento local e gestão compartilhada. E contemplava 130 ações, a cargo das Secretarias de Habitação, Assistência Social, do Trabalho e Solidariedade, de Planejamento e de Cultura, além de outros órgãos do governo e da sociedade civil.

Sabíamos que, para recuperar o Centro, era fundamental repovoá-lo. Eu tinha lido alguns livros sobre transformações em centros metropolitanos, conversado com prefeitos mundo afora e visto, em Berlim, entre outras cidades, a importância da moradia plural, com diversos perfis de habitantes, para a vitalidade dos bairros. Se ocupados apenas pela classe média ou pela elite, eles se supervalorizam e expulsam para a periferia os cidadãos mais pobres, repetindo infinitamente a exclusão. E a remoção, de todo modo, é uma prática combatida pelo PT, pelos prejuízos que traz às populações removidas. Por tudo isso, os programas de moradia foram um dos alicerces do nosso trabalho no Centro e representariam 20% do montante a ser investido.

Ações inovadoras

Uma das nossas tarefas era atrair moradores de baixa renda, e Paulo Teixeira, secretário de Habitação, desenvolveu para isso propostas bem diversificadas. Queríamos estimular a construção de moradia popular, segmento que o mercado imobiliário ignora. Oferecemos, entre outros benefícios, a outorga não-onerosa — licença para o empreendedor construir quatro vezes a área do lote. O Plano Diretor trouxe novos instrumentos ao criar as chamadas Zonas Especiais de Interesse Social. Nessas faixas de território, 40% de todo empreendimento imobiliário deveria contemplar moradia popular. Encorajamos também a recuperação de imóveis deteriorados, como se faz em tantas cidades européias e que traz o benefício adicional de preservar construções de outras épocas e permitir à cidade conservar os traços de sua história.

O Programa de Arrendamento Residencial foi outra prática que reforçou nosso esforço de povoamento. Com recursos de um convênio com a Caixa Econômica Federal, a Secretaria de Habitação passou a comprar e a recuperar edifícios deteriorados, e a vendê-los a famílias com renda de quatro a seis salários mínimos, financiados em 180 meses. Foram aproveitados 464 edifícios até 2004. Restauramos edifícios históricos, antes invadidos, nos quais os moradores passaram a viver com dignidade e dentro de suas posses.

Um dos projetos, a reforma do edifício São Vito, o mais famoso "treme-treme" da cidade, com 26 andares e 600 quitinetes, tornou-se um *case* de política habitacional. Eu temia não conseguir remover as pessoas de forma pacífica. Elas não estavam acostumadas a acreditar na Prefeitura, além de não ter alternativas. Alguns apartamentos eram invadidos, outros serviam, ao mesmo tempo, de moradia da família e salão de cabeleireiro, vários eram habitados por famílias cujos membros não cabiam simultaneamente naquele espaço. A bandidagem era grande, assim como o consumo e venda de drogas. Graças a um trabalho colado aos movimentos populares de moradia, a Secretaria de Habitação conseguiu negociar a desapropriação com 370 proprietários e alojar os 1.200 moradores em quartos de hotel e apartamentos próximos, com recursos do programa de Locação Social. A desocupação aconteceu sem confronto nem intervenção policial, mas a reforma nunca foi realizada, pois logo em seguida deixamos a Prefeitura, e o edifício permaneceu fechado e vazio.

Outra prática largamente utilizada foi a locação social, que eu havia conhecido e visitado na Inglaterra e na França. Em São Paulo desenvolvemos uma oferta para as pessoas de faixa de renda inferior a três salários mínimos, que não poderiam habilitar-se a um financiamento. Imóveis construídos com recursos do BID, do Ministério das Cidades, da Caixa Econômica Federal e do Fundo Municipal de Habitação seriam alugados a preços compatíveis com a renda dos moradores, mas permaneceriam como propriedade do estado. Por impedir a revenda a terceiros, como acontece nos programas de casa própria, a Locação Social interrompe o ciclo de expulsão do mais pobre para mais longe. Um convênio de cooperação técnica com o Fundo especial Japão, administrado pelo BID, permitiu contratar consultorias para orientar a gestão desses imóveis. A gestão eficiente evita a degradação do patrimônio e a inadimplência, e pode fazer daquela oportunidade de morar dignamente uma etapa no caminho para uma vida melhor.

Utilizou-se no Centro, também, a bolsa-aluguel, para famílias sem rendimento suficiente para essa despesa. O beneficiado deveria localizar um imóvel na faixa de preço da bolsa que cumprisse com as exigências de regularidade e segurança estipuladas pela Secretaria de Habitação. O proprietário era pago diretamente pela Cohab, Companhia Metropolitana de Habitação, pelo prazo de trinta meses renováveis. Ações conjuntas com as Secretarias de Trabalho e Solidariedade e de Assistência Social buscavam oferecer oportunidades de emancipação econômica para que, depois de algum tempo, o cidadão da bolsa-aluguel, tivesse acesso a outro tipo de moradia e abrisse espaço para novos ocupantes. Quando o prefeito Gilberto Kassab tentou extinguir a bolsa-aluguel, foi impedido por uma liminar do Ministério Público. Como todos os projetos habitacionais do Centro, ela era fruto de um trabalho conjunto com os movimentos populares de moradia e estava devidamente incorporado aos direitos da população.

O Parque do Gato

O Parque do Gato é uma das realizações de que mais me orgulho na revitalização do Centro. Eu sempre passava na marginal e via aquela favela terrível. Um dia, Luis, meu marido, perguntou por que eu não a transformava numa recuperação social e urbanística que pudesse servir de modelo. Afinal, embora fosse das mais dramáticas, era pequena. Achei a idéia boa, pois eu tinha sempre a sensação de ter ficado na metade do caminho nas urbanizações que fazíamos: faltava alfabetizar, faltava emprego, faltava creche..., e eu percebia que a moradia, sozinha, não seria alavanca suficiente para tirar aquelas famílias da miséria. O pessoal da Secretaria demorou a se entusiasmar com o projeto. Cadastramos os moradores segundo suas habilidades, ocupação e escolaridade — grande parte eram catadores de papel e analfabetos. Colocamos muitos deles no Renda Mínima, oferecemos alfabetização e um lugar para a reciclagem, mas a providência que mais me mobilizou foi a creche. Tinha que ser uma creche de primeiro mundo, ou seria impossível dar àquelas crianças a expectativa de uma vida melhor que a de seus pais. Conversamos com Firmin António, diretor-geral para a América Latina do grupo hoteleiro ACCOR e, graças ao um *pool* que ele montou com todos os fornecedores da rede, inauguramos, junto com o Parque do Gato, a creche mais bonita da Prefeitura! Tanto a infra-estrutura quanto os brinquedos, berços e móveis eram de cair o queixo. Os funcionários da Prefeitura ficaram encantados e as mães não acreditavam na sorte dos filhos!

No total, erguemos nove edifícios de cinco pavimentos, projetados com uma arquitetura elegante e sóbria, feitos de blocos de concreto, cada qual com um terraço. Os moradores dos 486 apartamentos seguiam as regras da Locação Social, pagando aluguel e condomínio e participando da gestão, junto com a Cohab. Para a segunda fase, planejamos um parque com uma grande área verde, pistas de *cooper* e de skate, trilhas e quadras esportivas. Quando ficou pronto, eu quis colocar uns cartazes bem grandes e visíveis na marginal dizendo que a Favela do Gato agora era o Parque do Gato. Depois de muito pelejar com a Secretaria, os cartazes foram colocados... e roubados em uma semana. Havia esquecido que nosso empreendimento era um oásis num deserto de pobreza. Os cartazes devem ter servido para fazer vários tetos.

É permitido levar cachorro

Outra frente da Ação Centro que produziu ótimos resultados foi o trabalho com cidadãos em situação de rua, desenvolvido pela Secretaria de Assistência Social. Ele se tornou uma das marcas fortes da gestão e serviu de modelo para futuras políticas federais. Em lugar da benemerência e do compadrio que caracterizavam a ação da Prefeitura nesse setor, a secretária Aldaiza Sposati, ex-secretária do Meio Ambiente na administração Erundina desenvolveu projetos democráticos e arrojados, que reafirmavam a cidadania do público-alvo. Um dos mais conhecidos é a Oficina Boracea, que substituiu o velho conceito de albergue pelo da moradia provisória voltada a dotar o morador de meios para reconquistar um teto. A discussão que iria se transformar nesse projeto inovador começou pela minha insistência com Aldaiza em ter uma resposta aos puxadores de carroças no centro da cidade. São muitos e não se consegue abrigá-los. Ela me explicava que isso não tinha solução, pois eles não abandonavam o único bem material que possuíam, a carroça, nem o único bem afetivo, o cachorro. As carroças não cabiam nos albergues convencionais e os cachorros eram proibidos. Eu não me conformava e pedia-lhe que pensasse em alguma proposta. Tinha certeza de que ela encontraria uma solução. Ainda assim, me surpreendi com o nascimento do centro de acolhimento mais inovador das Américas.

Um dia, Aldaiza chegou excitadíssima para um despacho comigo. Em conversa com o secretário de Transportes, tinha acabado de encontrar um enorme galpão de ônibus, desativado, que seria perfeito para o projeto de abrigar carroceiros e seus cachorros e dar condições de aprendizagem e cidadania ao albergado.

Uma área de 17 mil metros quadrados no bairro central da Barra Funda, a Boracea rompeu com diversos vícios desse tipo de instituição. Para começar, é um lugar bonito e, pelo menos naqueles primeiros tempos, alegre. Em vez de disciplina militar, portarias trancadas à noite e horários rígidos dos albergues, mantinha as portas permanentemente abertas, de acordo com a necessidade de seu público. Além de dormitórios, banheiros, restaurante e cozinhas para os interessados em cozinhar suas próprias refeições, no Boracea o albergado tinha possibilidade de quarto privado com a esposa ou outro familiar.

Uma série de atividades, abertas à comunidade, criavam oportunidades de emancipação para o usuário. Criaram-se cursos de alfabetização, de jardinagem, de construção civil, de costura e de cooperativismo. Um telecentro proporcionou inclusão digital. A sala de cinema era ótima e tinha sessões com hora marcada. Fundaram-se cooperativas — uma de costura, com ex-alunos do curso, e outra de material reciclável, com catadores. Em vez de o carroceiro vender a depósitos que revendiam à indústria o material coletado, o próprio albergue se encarregou de vender às indústrias e de garantir o pagamento direto aos cooperativados. Fiquei encantada quando vi um carroceiro chegando com sua carga de papelão, pesando o trabalho do dia e depois indo recolher o dinheiro no guichê da Caixa, dentro do Boracea!

O convívio entre os freqüentadores era utilizado como ferramenta para refazer referências e vínculos, destruídos pela vida na rua. Pessoas em situação de rua passaram a contar com o Programa Acolher, que lhes garantiu o direito a serviços da assistência social federal. Além disso, a Secretaria de Assistência Social se reestruturou de forma a voltar todas as suas equipes para o trabalho direto com a população, a chamada "presença social nas ruas". Projetos de outras Secretarias, como o bolsa-aluguel e o Começar de Novo, também foram acionados para propiciar condições de sobrevivência e moradia a essas pessoas, que constituem a parcela mais frágil da população.

Predominavam em São Paulo práticas de assistência do começo do século XX, concebidas para atender a necessidades pontuais de grupos específicos — nas palavras da secretária Aldaiza, "uma cultura muito caipira". Em seu lugar, implantaram-se metodologias para o trabalho de massa e para a universalização da assistência.

Colhendo frutos

Nossos esforços para a recuperação do Centro, em todas essas frentes, começaram a produzir sinais de vida. Em 2004, até setembro, já havia 52 aprovações de projetos imobiliários na região. Assinamos um termo de cooperação com o Ministério das Cidades, a Caixa Econômica Federal, o Secovi (Sindicato dos Empreendedores Imobiliários), o Sinduscom (da indústria) e a ASBEA (Associação Nacional dos Escritórios de Arquitetura), para aprovar rapidamente a reforma de edifícios no Centro. Hoje existem recursos disponíveis na Caixa Econômica Federal para financiar a compra e a reforma de apartamentos para renda média. Entendemos que a Prefeitura deve cuidar dos mais pobres e o mercado deve produzir para as camadas médias, que buscam alternativas de moradia no Centro. Os próprios funcionários públicos — 11 mil, entre estado e Prefeitura — poderiam constituir essa demanda. Infelizmente, nada disso teve continuidade.

CAPÍTULO 12

Sonhos na gaveta

Deixar para trás um projeto quando seus resultados estão prestes a aparecer é uma frustração que só se pode amenizar com a certeza de que ele deixou sementes. O trabalho de recuperação do Centro é um desses casos.

Para conter a desvalorização e a evasão imobiliária, tomamos providências para manter na região as sedes das empresas e órgãos públicos. Atendendo ao nosso pedido, as bolsas de valores desistiram de instalar-se em outros bairros. O tradicional colégio São Bento, que cogitou se mudar, preocupado com questões de segurança, também cedeu aos nossos apelos. E tratamos de facilitar a vida das empresas que pretendiam funcionar na região. Como o Banco do Brasil, que planejara instalar oito agências, mas era sistematicamente derrotado pelas exigências burocráticas. Criamos uma equipe para livrá-los desses entraves. Fiz questão de que a região se tornasse o principal endereço do governo municipal. Funcionaram no Centro as Secretarias da Cultura, do Abastecimento, da Gestão Pública, das Subprefeituras, do Planejamento, da Saúde, do Trabalho e Desenvolvimento Social, da Segurança, da Comunicação, de Relações Internacionais e de Governo. Mas foi sobretudo a sede da Prefeitura, transferida para o Viaduto do Chá, o cenário mais emblemático da cidade, que sinalizou a importância que queríamos dar ao Centro.

Precisávamos de uma sede que fizesse jus à importância de São Paulo — o Palácio das Indústrias tornara-se um pardieiro e era impensável continuar num prédio em que a única sala decente era a da prefeita. João Sayad, secretário de Finanças, negociava naquele momento a dívida da Prefeitura com o Banco Santander e teve a boa idéia de propor que o Edifício Matarazzo, no Viaduto do Chá, passasse para o patrimônio do município como parte da renegociação. Negócio bem encaminhado, fomos visitar o prédio que, embora em bom estado, precisava ser adaptado às necessidades da Prefeitura. Fiquei encantada. São Paulo poderia finalmente ter uma Prefeitura apresentável, onde os funcionários pudessem trabalhar com conforto. Queria um lugar tão impecável que fosse impossível destruí-lo quando eu saísse. E pensei no arquiteto Isay Weinfeld, conhecido por seus projetos sóbrios e elegantes. Mas Isay é, talvez, o arquiteto mais caro do Brasil. Seria preciso fazer uma licitação e seu preço jamais seria aceito. Resolvi pedir que o Santander pagasse, e eles concordaram. Isay conseguiu fazer um projeto funcional e belíssimo em tempo recorde, pois queríamos nos mudar para os festejos dos 450 anos da cidade.

Eu não tinha um minuto livre na agenda, mas fazia questão de opinar sobre os móveis. As amostras que o arquiteto mandava iam para uma sala ao lado do meu gabinete, no Palácio das Indústrias. Tínhamos chegado à conclusão de que queríamos móveis de Joaquim Tenreiro, marceneiro português que se tornou um ícone do móvel moderno brasileiro. Eu escapulia entre uma audiência e outra para experimentar e opinar sobre cadeiras e sofás, e depois, quadros, a cor das paredes, os tecidos... Eram detalhes que nem de longe eu imaginaria cuidar como prefeita. Mas acho que o resultado foi ótimo e vai durar bastante.

Depois veio a briga pelo nome. O palácio foi chamado de Anhangabaú, pois eu achava que não ficava bem um prédio público chamar-se Matarazzo, a menos que a família o tivesse doado. A questão era até mais delicada para mim, pelo fato de meus filhos terem esse sobrenome, por parte de pai. Entendia que o correto seria fazer uma menção ao primeiro proprietário, o conde Francisco Matarazzo, que faz parte da história industrial da cidade. Liguei para sua filha, a empresária Maria Pia Matarazzo, e perguntei se ela possuía algum busto do pai que pudesse doar. Escolhi um lugar bonito para colocá-lo, à esquerda da entrada principal. Em seguida, o Santander queria uma placa bem visível, onde se lesse que o prédio era uma doação do banco. Argumentei que se tratara de uma negociação; o edifício não fora doado. Depois de diversas tentativas, sugestões e teorias, chegamos aos dizeres da placa:

A cidade de São Paulo homenageia a família Matarazzo pela construção desta obra arquitetônica e histórica, inaugurada em 1939.

O Município agradece ao Estado de São Paulo pela preservação deste monumento e congratula-se com o Banco Santander Banespa — na pessoa de seu presidente Gabriel Jaramillo — pela parceria que possibilitou que este patrimônio se tornasse sede da Prefeitura Municipal de São Paulo.

Quando tudo parecia resolvido, me chamaram no gabinete porque um diretor do banco estava no saguão e não queria que a placa ficasse no lugar que escolhi. Desci e o cumprimentei sorridente. "Fico tão feliz que vocês tenham gostado do lugar que indiquei", disse. Ele me olhou atônito e não ousou protestar. Se adivinhasse o futuro, teria me poupado. O novo governo retirou imediatamente o nome Palácio Anhangabaú, e a sede da Prefeitura de São Paulo passou a se chamar Palácio Matarazzo. Possivelmente, influência do empresário e político Andrea Matarazzo, ex-embaixador do Brasil na Itália durante o governo Fernando Henrique, e braço direito de Serra, como subprefeito da Sé.

A valorização do espaço público também é uma forma de valorizar o cidadão. A inauguração da Praça do Patriarca, no lugar de um terminal horroroso, o corredor cultural, e a Praça D. José Gaspar, com desenho da artista plástica Amélia Toledo, também faziam parte do nosso esforço de dar o melhor ao cidadão paulistano. Os projetos de recuperação da Biblioteca Mário de Andrade, da Casa da Marquesa e do Edifício Martinelli, entre outros, representaram o esforço de recuperar e valorizar a História de São Paulo.

A revitalização do Centro só seria possível com a volta de habitantes e a recuperação e ocupação dos prédios com serviços. A Prefeitura quis dar o exemplo e iniciamos a procura de espaços para a transferência das Secretarias que estivessem descentralizadas. Além de contribuir para a recuperação do Centro, iríamos economizar para os cofres públicos, já que os aluguéis eram desvalorizados. A Secretaria de Cultura tomou a iniciativa de reformar a Galeria Olido, que abrigava o velho Cine Olido, e vários andares do edifício.

Passaram a funcionar ali a sede da Secretaria e diversas atividades em salas de dança, música, teatro e informática.

Como parte das comemorações dos 450 anos de São Paulo, planejamos criar no Palácio das Indústrias um Museu da Cidade. Um levantamento minucioso da vida cotidiana em 2004 constituiria um acervo capaz de contar aos paulistanos do futuro como se vivia aqui naquela data. O museu, que seria ligado à Rua 25 de Março por uma passarela, constituiria uma das pontas de uma rede, junto com o Parque D. Pedro, repaginado e com 135 mil metros quadrados de área verde, e o Mercado Municipal, reformado e aberto durante a noite para se tornar um pólo gastronômico.

A reforma do Mercado Municipal era uma das contrapartidas do contrato firmado com o BID. O belo edifício, inaugurado em 1933, foi o último de uma série que o escritório Ramos de Azevedo projetou para transformar a cidade acanhada que era São Paulo até o final do século XIX na metrópole do café. Vieram antes dele o Teatro Municipal, a Pinacoteca do Estado, o Palácio das Indústrias e a sede dos Correios. Sem consertos desde 1973, estava abandonado, cheio de goteiras, com a fiação exposta. A situação era tão precária que não seria surpresa se pegasse fogo.

O projeto da reforma começou em agosto de 2003, cercado pelo ceticismo da imprensa e dos comerciantes, que já tinham ouvido muitas promessas não-cumpridas. Valdemir Garreta, secretário do Abastecimento e Projetos Especiais, visitava diariamente os trabalhos. Um ano depois, o edifício estava deslumbrante e tinha acrescentado à sua importância de marco histórico outra vitalidade. A principal inovação foram espaços à altura da vocação gastronômica do mercado. Eu havia visitado o mercado de Porto Alegre, que tem uma simpática área de alimentação. Perguntei por que São Paulo não poderia ter uma igual. Seria excelente ponto turístico e de lazer para os paulistanos. A proposta se concretizou. Um mezanino de 2 mil metros, com acesso por dois elevadores e duas escadas rolantes, tornou-se uma fervilhante praça de alimentação suspensa. As clássicas atrações como o sanduíche de mortadela e o pastel de bacalhau, mais dois restaurantes brasileiros, um árabe, um japonês e um ibérico, passaram a atrair uma multidão de freqüentadores. Um grande restaurante de bacalhau, a cargo do Empório Chiapetta, uma das bancas mais tradicionais do mercado, chegou a funcionar brevemente num dos novos espaços, mas foi desalojado pouco depois que saímos.

A movimentação normal do mercado, com seus 291 boxes de comerciantes, 1.600 funcionários e 15 mil visitantes por dia, ganhou durante as obras um público extra: as pessoas gostavam de ir olhar os trabalhos. Foram cuidadosamente restaurados os grandes vitrais, com cenas de produção agrícola e pecuária executados pelo artista russo Conrado Sorgenicht, o mesmo dos vitrais da catedral da Sé e de outras trezentas igrejas brasileiras. Recuperaram-se também paredes de azulejos alemães e pisos e rodapés importados da Noruega. A iluminação interna utilizou pela primeira vez no Brasil as lâmpadas de vapor de sódio brancas. Não pude fazer a entrega do Mercado, que ficou pronto em agosto de 2004, quando eu já estava impedida pela lei eleitoral, mas acho que ele representou para a minha administração o que a Sala São Paulo representou para o PSDB, com a vantagem de ser muito mais popular.

Sonhar é possível

Nossa intenção era que o mercado ficasse aberto à noite e se tornasse um *point* da madrugada, o lugar da sopa pós-balada que, no passado, se tomava no Ceasa, e, nos anos 1980, num restaurante da Avenida S. Luís. Privado desse fôlego e sem as reformas complementares, ele se tornou uma ilha num mar de deterioração. Ainda assim, visitar o Mercado e encontrar pessoas do Brasil todo fazendo turismo lá me dá muita alegria.

Nunca parei de sonhar minha cidade. Quando estive na China, como ministra, em março de 2008, vi um projeto que me fez pensar na Zona Cerealista, vizinha ao Palácio das Indústrias, para a qual eu havia imaginado, quando era prefeita, algo parecido com Puerto Madero, em Buenos Aires. A proposta chinesa me pareceu mais interessante, por ser mais cultural e popular.

Enquanto Puerto Madero é lindo, chique e cheio de restaurantes caros, o projeto chinês é ousado, popular, moderno e nervoso. Numa região de antigas fábricas, em Pequim, o governo desapropriou uma indústria alemã de munição e alugou os imponentes espaços a pintores e galerias de arte. O resultado é uma badalada região de arte, cultura e restaurantes, cheia de gente jovem, de turistas e de interessados em arte contemporânea chinesa de ponta.

Ainda bem que não tive tempo para implementar o Puerto Madero paulista na região ao lado da antiga Prefeitura. Com o futuro Museu da Cidade no Palácio das Indústrias e o Mercado Municipal e a lindíssima Casa das Retortas (atualmente sem uso), no Parque D. Pedro, transformada em local de exposições de artesanato nacional, com centro de negócios de exportação, podemos criar algo especial em São Paulo. Vai ficar o máximo! Minha imaginação corre solta ao pensar nessas possibilidades. Um centro de lazer assim faz falta e é a cara de Sampa, a cidade mais cosmopolita e agitada do Brasil.

O poder público sozinho não pode produzir nenhuma grande transformação. Projetos urbanos só criam raízes quando toda a sociedade participa. Para o Ação Centro, formamos um grupo de parceiros bem amplo — reunia desde a União dos Movimentos de Moradia e do Projeto Aprendiz a instituições como o SESC, a Associação Comercial, grandes empresas como Votorantim e Klabin e todas as associações defensoras da região, como Viva o Centro e Fórum Centro Vivo, além de estabelecimentos tradicionais, como o Bar Brahma. A vantagem dos movimentos amplos é que eles garantem a continuidade dos projetos, colocando-os a salvo das costumeiras interrupções de mudança de governo. A desvantagem é que eles são lentos. Precisávamos de mais tempo para que todas as ações do movimento de recuperação passassem a pertencer ao cidadão paulistano, não importa quem fosse o prefeito.

A administração Serra-Kassab engavetou todos os trabalhos já em andamento — além do Museu da Cidade e da reforma do Parque D. Pedro, programas habitacionais, como a reforma do São Vito, obras antienchentes no Anhangabaú e remodelação das ruas comerciais do Centro, entre outros. Apesar da nossa advertência de que a menor modificação adiaria indefinidamente a liberação dos recursos do BID, resolveu mudar o enfoque de todos os projetos que deixamos. E demorou-se nisso por dois anos. O resultado é que não conseguiu, até 2008, gastar mais do que 4 milhões do dinheiro do empréstimo. Por isso, a Prefeitura foi obrigada a pagar ao BID uma multa de 420 mil reais, relativa à verba não utilizada. A lentidão trouxe prejuízos ainda maiores, já que, enquanto a Prefeitura pensava, o dólar desvalorizava rapidamente. E boa parte do valor do empréstimo escorreu por entre os dedos dos cidadãos.

Momentos especiais

Na sacada do Palácio das Indústrias, em 1º de janeiro, 2001, dia da posse.

Com Hélio Bicudo, Rui Falcão e Márcio Thomas Bastos na Convenção do PT para candidatura à Prefeitura, 2004.

Recuperação do Centro

Mercado Municipal. Restaurando com recursos do BID.

Restauração do canteiro central da Praça da Sé.

Iluminação nova e restauração

Troca de lâmpadas de mercúrio para lâmpadas de sódio no Centro de São Paulo.

Quarteirão da Sé restaurado em parceria com a Caixa Econômica Federal.

Modernizando a cidade

David Rego Jr./Lume Imagens

Recuperação da Avenida 9 de Julho. Novos abrigos de ônibus e aterramento da fiação.

Rosa Carlos/Lume Imagens

Calçamento da Rua 25 de Março.

Alguns dos 21 CEUs

CEU Jambeiro.

CEU Navegantes.

CEU Vila Atlântica.

Janela de oportunidades

Boa alimentação, aula de música (inauguração do CEU Parque São Carlos) e atividades para idosos (CEU Cidade Dutra).

Esporte no CEU

Beto Garavello/Lume Imagens

Estréia da piscina com maiôs CEU (CEU São Raphael).

Sylvia Mazini/Lume Imagens

Grupo de capoeira Nova Geração, CEU Veredas.

Favela do Gato

A Favela do Gato e sua situação após um incêndio.

Crianças uniformizadas voltando para "casa".

Parque do Gato

Prédios decentes.

Interior bonito.

Crianças brincando.

CECI, o CEU dos índios

Condição de moradia na aldeia indígena Yü, no Jaraguá.

Estreando uniforme.

Renda mínima e raízes

Implantação da renda mínima para a comunidade e inauguração do CECI com a presença do senador Suplicy.

CECI Parelheiros. O CECI, CEU dos índios, respeitando escolhas e raízes da comunidade: oca, em vez de prédio, não às piscinas, sim à biblioteca e à sala de computação.

Operação Belezura

Central de triagem para reciclagem.

Operação Belezura: mutirão de limpeza no córrego Jabaquara.

Pintura dos muros do Estádio do Pacaembu.

Bilhete único

Com o secretário de Transporte, Jilmar Tatto, na estréia do Bilhete Único.

Instalação da catraca eletrônica.

Transporte escolar: Vai e Volta.

Vistoria de obra

Beto Garavello/Lume Imagens

Com o secretário de Projetos Especiais, Valdemir Garreta, e o de Subprefeituras, Carlos Zarattini. Vistoria na obra do túnel Fernando Vieira de Mello.

Beto Garavello/Lume Imagens

Cumprimentando operários na obra do túnel.

Presentes para a cidade nos seus 450 anos

Auditório do Ibirapuera, construído pela TIM e doado à cidade na comemoração dos seus 450 anos.

Visita à obra do auditório com seu criador, Oscar Niemeyer.

Inauguração da nova sede da Prefeitura de São Paulo, Palácio Anhangabaú. Abraço emocionado com o operário da obra, observado pelo presidente em exercício José Alencar, por Luis Favre e por Mariza Alencar.

Inovando e construindo

A periferia na era digital: os 120 telecentros fizeram diferença na periferia.

Telecentro adaptado para portadores de deficiência.

Obras do Hospital Tiradentes, 2004.

Combate à dengue e o Programa Saúde da Família

Visita à EMEF Artur Neiva e ao quarteirão no Jardim Helena.

Palhaço na favela, campanha de combate à dengue.

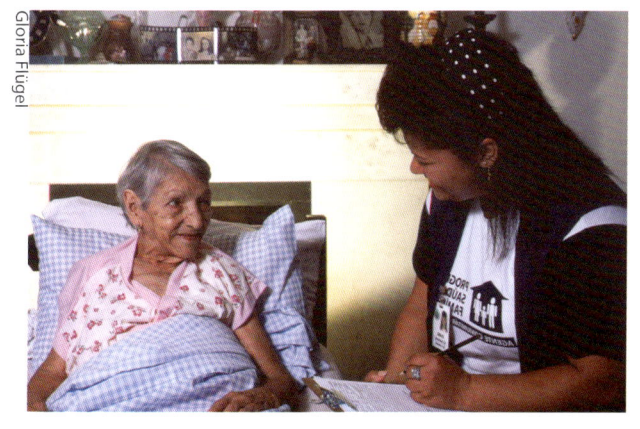

Atendimento domiciliar pelo PSF (700 equipes do Programa de Saúde da Família).

Moradia e combate ao câncer de mama

Beto Garavello/Lume Imagens

Entrega de 380 unidades de apartamentos no Parque Bristol.

Beto Garavello/Lume Imagens

Com a secretária de Esportes, Nádia Campeão, na corrida Avon para o combate ao câncer de mama.

Inauguração do primeiro CEU: Jambeiro

Beto Garavello/Lume Imagens

Inauguração do CEU Jambeiro. Da esquerda para a direita: senadores Suplicy e Mercadante, ministro da Educação Cristovam Buarque, Marisa Letícia Lula da Silva, presidente Lula, Marta Suplicy, Luis Favre, José Genoíno, secretário de Cultura Celso Frateschi, secretário de Governo Rui Falcão.

Arquivo pessoal

Lula e Marta "tocando" no CEU.

Comemorações

David Rego Jr./Lume Imagens

Baile dos 450 anos no Palácio das Indústrias, últimos dias da Prefeitura antes da mudança de sede para o Anhangabaú. Presença do presidente em exercício José Alencar e sua esposa Mariza.

Ademir Rodrigues

Condecorada com a Légion d'honneur pelo embaixador francês Antoine Pouillieute pela parceria com a França durante gestão na Prefeitura.

Visitantes

Recebendo o primeiro-ministro inglês Tony Blair.

Sendo recebida pelo primeiro-ministro francês Lionel Jospin, no Palácio Matignon.

Recebendo Beatriz, rainha da Holanda, em março de 2003.

Família

Arquivo pessoal

Arquivo pessoal

Noemia Fracalanza e Luís Affonso Smith de Vasconcellos, recém-casados.

Arquivo pessoal

Meus filhos André, Eduardo e João, 1º de janeiro, dia da posse, na Prefeitura.

Arquivo pessoal

Entre meus irmãos Ziziu, Tetê e Xina, 13 de novembro de 1983.

Momentos de felicidade e despedida

Casamento com Luis Favre, 20 de setembro de 2003. Lula e Marisa como um dos casais de padrinhos.

Últimos dias na Prefeitura. Teodoro foi visitar a avó e conheceu onde ela trabalhava.

Eleições

Com Lula e Marisa na campanha pela reeleição presidencial, em 2006.

Na Convenção do Partido dos Trabalhadores, 26 de junho de 2004.

CAPÍTULO 13

Planejamento para avançar

Em 2003, fui ao Fórum Econômico de Davos e, num almoço, ouvi uma dessas consultorias que vão se vender em conferências internacionais. Tive vontade de contratar uma empresa desse tipo para fazer um estudo para o desenvolvimento da Zona Leste, onde vivem 80% da população pobre e dos desempregados da Região Metropolitana de São Paulo. Mas o estudo custaria 1 milhão de dólares — é claro que a gente não tinha.

Precisávamos implantar um programa que gerasse empregos e criasse condições para atrair investimentos. A Zona Leste tem 4 milhões de habitantes, população que chega a 7 milhões, se considerados os municípios da Região Metropolitana diretamente influenciados. Sua enorme população jovem encontra ali poucas oportunidades de estudo e trabalho. Afligia-me a situação dos milhares de pessoas que se deslocavam de trem, ônibus e metrô até o Centro, todos os dias, para trabalhar ou para procurar emprego. Os cidadãos que vivem na Zona Leste e trabalham no Centro constituem o maior deslocamento populacional entre moradia e emprego em todo o mundo — dois terços de suas vidas se passam no interior de ônibus e trens. Como poderíamos tornar a vida mais humana para o cidadão e desafogar o transporte e o trânsito?

Durante os quatro anos à frente da Prefeitura, levamos para a esfera municipal o papel de articulador, que só era desempenhado até então pelos governos estadual e federal. Estávamos decididos a colocar o peso político e econômico de São Paulo na criação de instrumentos para transformar a realidade urbana. É verdade que algumas questões, como emprego e crescimento industrial, dependem muito da economia do país. Mas nem todas. E, mesmo que as cidades melhorem quando o país vai bem, sem planejamento local elas não avançam tanto quanto poderiam.

Situada entre Guarulhos, o ABC e o Centro expandido de São Paulo — locais de intensa atividade econômica —, a Zona Leste foi povoada à maneira habitual das periferias: levas de migrantes em busca de trabalho instalaram-se ali sem planejamento nem infra-estrutura, em lotes irregulares e desprovidos de serviços urbanos. Moradores que foram trabalhar como metalúrgicos e aprenderam a se articular politicamente nos sindicatos do ABC criaram movimentos populares que pressionaram por melhorias. Houve, graças a isso, alguns investimentos na estrutura e nos serviços, mas a região nunca deixou de ser olhada pelo poder público como um grande dormitório, destinado a fornecer mão-de-obra para os municípios à sua volta. Nossa proposta era ambiciosa. Queríamos intervir na região que reúne os bairros mais pobres da cidade para transformá-la em centro econômico regional.

Enquanto discutia com os secretários, em busca de uma idéia que conseguisse promover uma "revolução" na Zona Leste, lembrei-me da A.T.Kearney, consultoria que vira em Davos. Eles já haviam planejado o desenvolvimento de regiões com características semelhantes. Convidei para um encontro um grupo de banqueiros e empresários, expliquei o que pretendíamos e pedi o apoio financeiro para a contratação da empresa. Eles gostaram da idéia e este foi o caminho para planejar as intervenções na Zona Leste. Nossa idéia de redesenhar São Paulo ia dar um grande salto!

Planos para uma revolução

Lançamos, então, o Programa para o Desenvolvimento da Zona Leste, com propostas ambiciosas, de longo alcance. Ao colocar São Paulo na rede de metrópoles mundiais, tínhamos aprendido com experiências como a de Xangai, na China, e a de Seul, na Coréia, quanto as cidades podem se beneficiar de coalizões com outros municípios e com as demais esferas de governo para o desenvolvimento regional. O Programa, coordenado por Brani Kontic, previa iniciativas conjuntas com as Prefeituras vizinhas — de Guarulhos, de Mauá e do ABC — e, numa segunda etapa, com o governo do estado.

Antes de mais nada, era preciso melhorar a circulação, investindo nas ligações entre a Zona Leste e as regiões industriais de Guarulhos e do ABC e à economia diversificada da Capital. Para isso, investiríamos, a curto prazo, no prolongamento da Avenida Jacu Pêssego até a Rodovia Ayrton Senna, para chegar a Guarulhos; e em estender a Avenida Radial Leste até Guaianazes. Esse acréscimo à Radial Leste acabou sendo uma das maiores obras viárias da gestão. É uma avenida de dez quilômetros de extensão, com três pistas de cada lado — só para se comparar, a Marginal do Tietê tem vinte quilômetros. Custou 80 milhões porque pôde ser construída sobre o leito de uma antiga estrada de ferro, a partir da estação Itaquera, do Metrô. Se o leito da ferrovia fosse ocupado e a obra exigisse desapropriações, esse custo seria quase dez vezes maior.

A médio prazo, abriríamos novos corredores de ônibus na região e faríamos a extensão da Jacu Pêssego até o ABC e ao Rodoanel. Uma circulação mais eficiente representaria grande incentivo à instalação de novas atividades econômicas.

Para atrair investimentos, precisávamos também melhorar o ambiente de negócios. Uma Lei Municipal de incentivos fiscais e outra de incentivos urbanísticos (Operação Urbana Jacu Pêssego) foram aprovadas em maio de 2004. Incentivos fiscais ajudariam a evitar a migração de empresas da cidade para outros municípios e estados. Muitas indústrias tinham mudado do centro da cidade e da Zona Leste próxima — Brás, Mooca, Penha e Tatuapé, por exemplo — atraídas pela proximidade das rodovias e pelas vantagens fiscais oferecidas por outros municípios. Melhores vias de acesso e incentivos fiscais ajudariam a fixar empresas em São Paulo e a deslocá-las para a Zona Leste, além de atrair investimentos novos.

Criamos uma "zona de exceção" ao longo da Avenida Jacu Pêssego, com impostos reduzidos e isenção de outorga onerosa para as empresas se instalarem. A nova infra-estrutura estimularia o crescimento urbano e favoreceria o surgimento de uma economia forte, diversificada e geradora de empregos.

Moda e máquinas

Depois de estudar a estratégia das multinacionais para seus investimentos no país e de conhecer sua visão da economia brasileira, decidimos quais atividades deveriam ser estimuladas e que estrutura seria necessária, para que o programa de desenvolvimento regional desse certo.

A indústria têxtil e de vestuário era o maior segmento industrial de São Paulo. Em 2003, reunia 55.500 empresas, que ofereciam mais de 250 mil postos formais e informais de trabalho. As ligações dessa indústria com a economia internacional da moda ajudam a incorporar novos mercados e a absorver conhecimento técnico e competência em *design*. Valia a pena investir nessa direção.

A Prefeitura se encarregou de juntar a indústria local e compradores internacionais. Buscamos o apoio da São Paulo Fashion Week, nosso maior evento de moda, de prestígio no exterior, e acoplamos a ele uma feira de negócios para exportação. Em termos nacionais, isso aumentaria a exportação de produtos de maior valor agregado. E a imagem de modernidade e prestígio que a moda irradia faria bem a São Paulo.

Outra atividade potencialmente interessante para a Zona Leste era a indústria de máquinas, que já fora próspera nas regiões vizinhas. Concluímos que seria importante atrair uma grande empresa, aproveitando o crescimento nacional do setor de gás natural e, especialmente, da termogeração de energia elétrica. Como esse segmento tinha boas perspectivas de crescimento e a sede da Embraer, nossa grande indústria aeronáutica, fica em São José dos Campos, a fabricação de turbinas e de seus componentes parecia uma idéia promissora. Serviços de manutenção desses equipamentos geram muitos empregos qualificados e promovem a absorção de tecnologia. Fizemos contatos com grandes empresas dessa área.

Naquela época, diante de realidades como aquela, a tendência dos governantes era estimular empregos baratos e atividades simples. Mas a Zona Leste, como toda periferia, tinha os inconvenientes de se localizar na metrópole sem usufruir de suas vantagens. Sempre haveria cidades e regiões vizinhas com custos mais baixos de trabalho e terra. Para enfrentar os custos altos da metrópole seria melhor atrair atividades mais exigentes em matéria de competências, conhecimento e inovação. E isso exigia capacitar a comunidade local para os empreendimentos mais sofisticados que seriam estimulados na região.

No que se refere à educação, já tínhamos dado o primeiro passo no ensino fundamental — construímos CEUs nas regiões mais carentes da cidade, situadas na Zona Leste, ampliamos vagas e elevamos a qualidade da educação. O segundo passo dependeria também da união e do estado.

Como a Lei de Diretrizes e Bases restringia o papel dos municípios na educação média e superior, buscamos regular o assunto por meio da legislação municipal. Criamos a Fundação Municipal de Ensino Profissional e Superior para gerenciar uma rede de educação aberta a parcerias com outras esferas de governo e com a iniciativa privada. A educação pública técnica e superior — entregues até então ao estado e à federação — estavam fora do alcance da enorme população jovem da Zona Leste. Além de muito distantes, as escolas têm historicamente menos vagas que candidatos e, na competição, estudantes da rede pública de regiões pobres ficam de fora.

As portas fechadas do ensino superior

Inicialmente tentamos trabalhar em parceria com a USP, que anunciara no início de 2003 a construção de um *campus* no bairro de Ermelino Matarazzo, um dos maiores da região. Esbarramos na rigidez da instituição. A principal universidade do estado não podia abrir os cursos mais importantes para o desenvolvimento da Zona Leste porque eles já existiam em outros *campi* municipais, sobretudo na Cidade Universitária, no Butantã. O fato de que eles eram inacessíveis para o morador local não foi considerado relevante para a mudança de regras. A USP preferiu abrir ali cursos ligados às humanidades, mesmo tendo em mãos uma pesquisa pública que definia a preferência dos jovens da região por engenharia, medicina, economia e administração e direito.

Nossa proposta evoluiu então para a construção de três escolas na periferia: saúde pública, engenharias e administração, com cursos voltados para a aplicação nos segmentos de maior potencial de crescimento na região. A legislação foi aprovada em maio de 2004 e previa escolas que integrassem ensino técnico, superior e pesquisa aplicada em todas as regiões periféricas do Município. Desenvolvemos três projetos: uma escola técnica de saúde, contígua ao Hospital de Cidade Tiradentes, então em construção; uma escola de engenharia na região de São Miguel Paulista; e uma escola de administração pública, idealizada em parceria com o governo regional da Île-de-France, o equivalente à região metropolitana de Paris.

Deixamos pronta a escola de saúde de Cidade Tiradentes: prédio e instalações concluídos, recursos provisionados para os equipamentos e licitação pronta, professores selecionados por concurso e processo seletivo dos alunos realizado. Estudantes vindos da rede pública de ensino e moradores da Zona Leste tinham acesso preferencial. As aulas começaram em agosto de 2005 e a escola conta hoje com mais de mil alunos.

O Conselho Estadual de Educação vetou os projetos das escolas de medicina e de enfermagem, alegando artigos da LDB, Lei de Diretrizes e Bases. O projeto da faculdade de engenharia, elaborado em conjunto com a Associação Brasileira da Indústria de Máquinas, ABIMAQ, a Central Única dos Trabalhadores, CUT, e a Escola de Engenharia da USP, foi arquivado. Essa faculdade reuniria quase mil empresas do setor, além de um instituto técnico, voltado para testes, orientação e difusão tecnológica. A escola de administração tampouco despertou interesse da administração Serra-Kassab, e as conversações com os franceses foram abandonadas. O programa de incentivos fiscais e a Operação Urbana Jacu Pêssego foram interrompidos, apesar de solicitações de continuidade de bases locais da atual coalizão governista.

Entre tantos projetos da minha gestão descontinuados à minha saída, esse é um dos que mais fizeram falta à cidade, pelo alcance geográfico que teria e pelo tamanho da população a ser beneficiada. Em compensação, fizemos muitos outros, também de grande alcance, que abriram espaço para a inovação e apontaram rumos para crescimento harmonioso da cidade.

Oportunidade histórica

Quem olhar o desenho do Plano Diretor verá uma faixa diagonal, que vai de Santo André a Pirituba e Perus, que permanece vazia. Corresponde ao vale do Tamanduateí e ao leito das estradas de ferro do século XIX. Como a cidade ficava no alto da colina do centro velho, as estações de trem foram construídas nos baixios — estação da Luz, Sorocabana, Paulista. Por causa das estradas de ferro, essa fatia da cidade abrigou depois as indústrias, e com o seu esvaziamento, esse espaço sobrou. Atravessa bairros como a Mooca, Cambuci, o Parque D. Pedro e a Barra Funda. É o tipo da oportunidade histórica que não pode ser perdida: o planejamento urbano deveria chegar ali antes da ocupação espontânea e predatória. Esta percepção e a indicação das Operações Urbanas Diagonal Sul e Norte são um legado da nossa gestão.

Projetamos, além das existentes operações urbanas Centro, Faria Lima e Água Branca, a do Butantã e a da Vila Sônia, uma região que vai mudar drasticamente com a chegada do metrô. Para nos antecipar à mudança, a operação propunha, entre outras obras, a construção de uma estação rodoviária junto à estação do metrô. Os ônibus que chegassem pelas rodovias que vêm do sul — a Régis Bittencourt e a Raposo Tavares — parariam lá, sem mais necessidade de entrar na cidade. A região do Ceagesp, objeto de outra operação cujo projeto ultimamos, também deveria ser objeto de um planejamento, mas não sabíamos se ele iria permanecer naquele local ou se seria transferido pelo estado para a margem da Rodovia Raposo Tavares. Se isso acontecesse, sobraria uma área enorme e haveria um óbvio avanço da classe A naquela direção. Mesmo se o entreposto, hoje pertencente ao governo estadual, lá permanecesse, precisávamos salvaguardar o bairro antes da chegada do mercado imobiliário.

Outra operação urbana foi projetada para a região norte, da Vila Maria até o Parque Anhembi, região dinâmica, com previsão de grande crescimento e de uma linha de metrô. Todos estes projetos ficaram depositados na Emurb, para que esta prosseguisse com a tarefa de aprovar as leis de cada operação. Além disso, detalhamos o bairro novo da Água Branca.

Lançamos um concurso público de idéias de ocupação para a área de 1 milhão de metros quadrados que existia ali, praticamente desocupada. Numa cidade como São Paulo, é um acontecimento raríssimo! Sobrou porque pertencia apenas a poucos proprietários. Situava-se numa antiga alça do rio Tietê, que inundava, por isso permaneceu vazia e, como valia pouco, foi parar no patrimônio do antigo INPS, que por sua vez a repassou para a Telesp, que vendeu para a Telefônica. Outro pedaço estava com a Prefeitura, e outro, ainda, conhecido como Gleba Pompéia, era uma herança, transformada em loteamento ilegal, em cujos lotes, baratos, ergueram-se apenas barracões industriais e oficinas.

Prefeitura propõe um bairro

Pela primeira vez na história de uma cidade que andou sempre a reboque da iniciativa privada, a Prefeitura pôde propor a criação de um bairro. Fiquei animadíssima, pois São Paulo teria a oportunidade de se tornar mais moderna e acolhedora. Poderia fazer algo parecido com o que eu vira em Berlim e em outras metrópoles, que criaram centros urbanos arrojados onde existiam conglomerados ultrapassados ou decadentes.

O projeto vencedor, do arquiteto Euclides de Oliveira, propunha uma nova maneira de morar, sem condomínios fechados — que são guetos —, nem arranha-céus — que não criam bairro. Teria calçadas largas e prédios suspensos, não maiores do que seis ou oito andares, pequenos parques e áreas verdes.

Seria voltado para a classe média. Localizava-se à beira de grandes avenidas, bem servidas pelo transporte público. Os entendimentos com os proprietários caminhavam satisfatoriamente e eu exultava com o sonho de podermos implantar um bairro planejado. Como tantos outros frutos da nossa gestão, o projeto do bairro foi abandonado quando deixei o governo. A Prefeitura havia se desinteressado, e uma construtora adquiriu toda a área que se destinava a ele. Em 2007, o site da empresa anunciava, entre outros lançamentos, uma torre de escritórios de 19 andares, sendo 329 salas de 41 a 75m^2, "com projeto neoclássico". Ninguém merece...

CAPÍTULO 14

A primeira sessão de cinema

Em dezembro de 2007, fui assistir a uma apresentação da Orquestra do Instituto Pão de Açúcar no Teatro de Cultura Artística, um dos mais tradicionais de São Paulo, e me vi em apuros, tentando conter as lágrimas enquanto ouvia o "Solo da primavera", de *As quatro estações*, de Vivaldi. O solista, Wesley Prates de Lima, era ex-aluno do CEU de Cidade Dutra. Foi lá que aprendeu a tocar violino e, sobretudo, foi lá que tomou posse de seu enorme talento musical.

Wesley escolheu o violino porque era o único instrumento que ele sabia nomear, quando, no primeiro dia de aula, diante de um naipe de cordas, o professor lhe perguntou o que gostaria de aprender. "De violino eu já tinha ouvido falar", ele contaria mais tarde. Seu irmão, William, dois anos mais velho, disse que queria aprender baixo e ficou intrigado ao ouvir que teria de subir num banquinho porque o instrumento era grande para sua estatura. Baixo significava, para ele, o baixo elétrico do rock, mas, desfeita a confusão, interessou-se pelo violino e acabou se mostrando, ele também, um fino intérprete.

Ao ver Wesley tocar, naquela noite, pensei em seu triunfo, no do irmão e no de seus pais, um eletricista nascido em Salvador e uma dona de casa que emigrou de Glória de Dourados, Mato Grosso. Imaginei quantos talentos não estariam se perdendo enquanto os instrumentos musicais dos CEUs mofavam (muitos mofam até hoje) em algum depósito. Lembrei do dia em que o vi tocar pela primeira vez, numa apresentação no Anhangabaú. O maestro Misiuk estava ao meu lado, e apontou-me um menino que aparentava no máximo 9 anos, mas tinha 13, e que segurava firmemente seu violino. "É um gênio", elogiou. Contou-me que chamava a atenção do menino, pois ele aparecia nos ensaios com as mãos machucadas. Naquele dia, tinha ralhado com ele: "Você é músico e tem que cuidar das mãos, o que é que você faz para chegar aqui com as mãos nesse estado?!" A resposta que ouviu deixou Misiuk comovido. "Prefeita, ele me contou que, no fim de semana, ajudou o pai a carrregar material numa obra."

Talvez este seja o caso mais emblemático sobre a vida de um bom número das crianças que estuda no CEU. Voltei a ver Wesley em dezembro de 2004, no dia em que solou com Marlui Miranda, no Teatro Municipal, e no concerto de janeiro de 2005, que marcou a nossa despedida e a estréia do novo prefeito. Sua carinha, o imenso talento e a história pessoal ficaram marcados para sempre no meu coração e no da nossa equipe.

Os dois irmãos tocam atualmente na Orquestra Pão de Açúcar, e Wesley integra, além disso, a Camerata São Paulo. Chegaram a essas orquestras, como muitos outros garotos de Cidade Dutra, pelas mãos do maestro Daniel Misiuk e da musicista Renata Jaffé, responsáveis pela implantação nos CEUs do ensino de cordas, que se recusaram a abandoná-los no caminho, quando o programa musical se desfez em grande parte. Desde então, os jovens já se apresentaram na Argentina, nos Estados Unidos e em diversas cidades brasileiras.

Respondendo a um convite da empresária Ana Maria Diniz, fui visitar uma obra social do Instituto Pão de Açúcar, do grupo empresarial homônimo de sua família, num edifício em frente ao Teatro Municipal. Entre uma explicação e outra passamos casualmente por um grupo de músicos de 10 a 18 anos que começara a tocar havia um ano e meio. Estavam ensaiando. Fiquei maravilhada de saber que em tão pouco tempo de estudo já conseguiam se apresentar tão harmoniosamente. Utilizavam um método especial que, desde o início, ensinava a orquestra inteira, e não cada músico em aulas individuais. Achei interessante, principalmente porque acompanhava a tortura de Lucas, meu enteado de 7 anos, que estudava contrabaixo em tediosas aulas particulares. O trabalho em grupo animava os garotos, a evasão era pequena e logo produziam um som razoável. Falei que gostaria que todas as crianças de São Paulo pudessem ter acesso àquilo. Na hora, lembrei do projeto que estávamos gestando na periferia.

Alguns meses depois, chamei os responsáveis pelo grupo, Renata Jaffé, filha do inventor do método, e Daniel Misiuk, para implantar nos CEUs o projeto das orquestras de cordas. Depois, quando verifiquei que nossos recursos não davam para pagar sequer os maestros para um único CEU, pedi a Abilio Diniz que o grupo Pão de Açúcar arcasse com os custos. Não vou esquecer sua alegria quando assistiu à primeira apresentação no CEU, junto com Emilio Botín, presidente do grupo Santander. Um vídeo gravado pelo Pão de Açúcar nesse dia mostra um dos meninos, desde a hora em que sai de sua casa no morro, as primeiras aulas naquele mundo mágico e desconhecido e a primeira apresentação oficial da orquestra. Não tinham mais do que seis meses de ensaio.

Big bands, fanfarras e violinos

Celso Frateschi, ator e homem de teatro, que assumiu a Secretaria e Cultura quando Marco Aurélio Garcia, ex-assessor internacional do PT, foi trabalhar com Lula, formava com Cida Perez, da Educação, e Nádia Campeão, dos Esportes, um trio entrosadíssimo na implantação dos CEUs. Nutria certa implicância com as orquestras de cordas — temia que parecessem com velhos projetos beneficentes, em que "crianças tristíssimas cumpriam a fantasia de adultos pretensiosos", dizia ele. Temores à parte, o projeto era muito caro. "São quase mil violinos, Marta!", apontou-me, de olho arregalado. E faltava dinheiro para tudo. Mas, àquela altura, João Sayad estava negociando com o Banco Santander o pagamento da dívida da Prefeitura. Resultaram daí a aquisição do Edifício Matarazzo, à beira do Viaduto do Chá, onde iríamos instalar a Prefeitura, e os 21 mil instrumentos para os CEUs. Além dos de corda, compramos também instrumentos para as *big bands* e fanfarras de todos os CEUs. Quando começamos as pesquisas sobre o custo, a maioria dos envolvidos considerou a idéia caso perdido. Além do que, não havia violinos suficientes no Brasil, e a solução seria importá-los da Argentina. Ou da China. Eu brincava que a imprensa ia aproveitar aquela importação para acabar de vez comigo. Mas estava resolvida a ter as orquestras.

A compra dos instrumentos foi uma megaoperação, que consumiu a produção de todas as fábricas de encordoamento do país durante um ano. Em São Paulo nas condições de preço e qualidade estabelecidas, só havia instrumentos suficientes para a orquestra do primeiro CEU a ser inaugurado, o de Jambeiro. Os outros acabaram sendo importados da China. De olho no prazo, Daniel e Renata, que orientaram todas as decisões, acompanhavam ansiosamente as escalas de um navio que deixou o porto de Xangai com 600 instrumentos num contêiner — violinos, violas, violoncelos e contrabaixos. Uma greve da Polícia Federal adiou de modo exasperante o prazo de entrega, e os CEUs iam ficando prontos... Coube também a Renata e Daniel instruir os arquitetos da Edif sobre o desenho dos armários adequados para guardar instrumentos musicais. Cada detalhe foi pensado e executado com minúcia e capricho. Eu acompanhava tudo.

Batida diferente

Logo percebemos que uma criança que estuda música passa por uma grande transformação. O contato com o instrumento desenvolvia a responsabilidade, já que lhe cabia zelar por aquele objeto frágil, caro e ao alcance de sua mão. A sensibilidade aflora, porque ela se vê produzindo uma coisa bonita. Cresce o sentido de coletividade, porque o grupo só avança quando 97% dos estudantes estão no ponto de passar para outro estágio — e os que têm mais facilidade ajudam os que encontram dificuldades. Além disso, as crianças adquirem rigor em relação a horários e faltas. Como observou uma funcionária administrativa: "Pela maneira de um aluno bater na porta a gente já sabia se ela freqüentava a aula de música."

Evidentemente, tocar na orquestra de cordas não era a opção da maioria. E inicialmente elas estavam disponíveis apenas em quatro CEUs. As outras escolhas musicais que oferecíamos, sob orientação da Secretaria de Cultura, eram fanfarra, *big bands* e grupos de rap. E, além de música, a comunidade e os alunos da Rede Municipal podiam matricular-se em aulas de teatro, artes plásticas, dança, fotografia e vídeo. O interesse foi imediato e enorme.

São Paulo é uma grande metrópole cultural, com atrações que nada ficam a dever ao que se assiste em cidades como Londres, Paris ou Nova York. Cem espetáculos teatrais por semana disputam espaço nos roteiros de programas, mas os moradores da periferia não tinham acesso a nada disso. Em 2003, quando o CEU Jambeiro inaugurou sua programação de cinema com o filme *Boleiros*, de Ugo Giorgetti, uma pesquisa revelou que 93% dos espectadores que lotavam a sala naquela noite nunca tinham entrado num cinema.

No final de 2003, Denise Stoklos, atriz cujo trabalho se apóia na linguagem corporal e no mínimo de recursos cênicos, apresentou-se no teatro do CEU Butantã. Nos primeiros 15 minutos do espetáculo, os espectadores ensaiaram uma vaia. Afinal, que diabo de peça era aquela que quase não tinha cenário? Aos poucos, compreenderam do que se tratava e, depois, ninguém conseguia mais levar o público embora dali, para Denise fazer o *workshop* programado com os professores. Todos queriam aprender os segredos de sua arte. Em 1958, com *Eles não usam black-tie*, pela primeira vez no teatro brasileiro Gianfrancesco Guarnieri colocou proletários em cena como personagens. Quase meio século depois, com a inauguração dos primeiros CEUs, os paulistanos da periferia chegaram, finalmente, à platéia.

Em junho de 2008, fui ao CEU Atlântica, Zona Norte. Não entrei. Depois de olhar, pelo lado de fora, as três piscinas vazias, conversei com um grupo de mães em uma garagem, na casa de uma delas. Uma moça queixou-se comigo: "A primeira vez que fui ao teatro foi na inauguração do CEU; a última foi no final de sua gestão, Marta." Não temos mais programação", contou-me ela. O teatro é utilizado para festas de datas comemorativas — naquela semana, fora aberto para uma festa junina. "O pior é que eu tinha aprendido a gostar", lamentou.

Se, por um lado, fico contente em ver quanto foi conquistado, por outro, sinto uma tristeza profunda, diante de uma afirmação como essa. Dá indignação, raiva e vontade de lutar por esse povo da periferia. Uma mãe com maior escolaridade e conhecimento — e as pesquisas mostram isso a toda hora — tem muito maior chance de criar bem os filhos. O CEU é exatamente a possibilidade de abrir janelas para um mundo desconhecido. Não só para a criança, mas para a toda a família.

O regente Marcello Amalfi, ex-aluno do violonista Paulinho Nogueira e pós-graduado na USP, tomou um susto quando chegou ao CEU de Guaianazes, no dia de seleção de candidatos da comunidade às suas aulas para *big band*. A fila dera a volta no prédio, e a direção instalou no teatro os primeiros 350 que chegaram, a fim de tornar a espera mais confortável. Amalfi passou a entrevistar grupos de quatro por vez, para abreviar o processo, e foi se dando conta de que não teria coragem de rejeitar tanta gente: a turma só comportava trinta alunos. Generosamente, ele mesmo propôs a solução. Formou cinco grupos de trinta. O CEU dava o espaço e os instrumentos, ele oferecia as aulas. Chegava duas horas antes do seu horário, ia embora duas horas mais tarde e ensinava a todos.

A experiência com as *big bands* produziu um formidável banho de auto-estima, que mudou a vida de muitos moradores de Guaianazes e, especialmente, a do professor. "Era muito emocionante", contou-me Amalfi. Ele criou uma versão simplificada do método da leitura relativa, que permite trabalhar com todos os instrumentos por meio de um mesmo sistema de pontos e linhas. Graças a isso, conseguia lidar com os enormes desníveis, em classes que misturavam crianças, jovens e idosos. Amalfi lembra especialmente de uma senhora que foi matricular a neta e resolveu se inscrever. Ela mal sabia ler e, à beira dos 70 anos, viu-se capaz de ler uma partitura e fazer música. "Ficou tão orgulhosa que adquiriu segurança para outras tarefas que julgava impossíveis", contou-me Amalfi. Um dia ela se aproximou do professor no final da aula. Queria contar que tinha conseguido trocar o vaso sanitário de sua casa. Ele compreendeu perfeitamente que a confidência continha, muito mais que uma obra doméstica, uma história de conquista.

Entre os estudantes do CEU, quatro alunos de guitarra que já possuíam algum conhecimento musical. O professor propôs fazerem arranjos juntos.

Na aula seguinte, apareceram três cidadãos do bairro, um com pistom, dois com trompete, e pediram para acompanhar a aula. Na semana seguinte, outros quatro bateram à porta, e logo se formou a primeira *big band* de Guaianazes. Ao passar pelo corredor, durante um ensaio, o gestor do CEU ouviu a música e entrou na sala para ver o que estava acontecendo ali dentro. Encantado, convidou a banda para tocar no programa Sábado Saudável, que acontecia semanalmente naquela unidade. E depois no aniversário do CEU. Meses mais tarde, na parada de 7 de Setembro, no Sambódromo, a banda apareceu no desfile em cima de um trio elétrico tocando "Berimbau", de Baden Powell. As 26 mil pessoas presentes no Sambódromo se levantaram e, como sugere o nome do local, sambaram.

Quando minha gestão chegou ao fim e o projeto dos CEUs foi desfigurado, os músicos de Guaianazes não tiveram mais autorização para ensaiar no CEU Jambeiro. O regente Amalfi pagou durante meses o aluguel de um estúdio. Conseguiu, por um período, que a Cultura Inglesa, onde ele rege oito corais, emprestasse uma sala na filial do Tatuapé, aos sábados. Em fevereiro de 2008, conseguiu finalmente um espaço para ensaiar na sede paulistana da Funarte, Fundação Nacional de Artes, onde o reencontrei em 2008, no lançamento do livro *Educação, CEU e cidade*, de Og Dória e Cida Perez.

Lidávamos com um conceito de educação mais abrangente do que a questão estritamente pedagógica. Ambicionávamos, além da nota de matemática nos *rankings* nacionais, uma nova atitude — que os alunos adquirissem consciência de seus direitos, visão de mundo, capacidade de articulação e de organização. Propúnhamos uma abordagem integral do indivíduo. E o aprendizado intelectual deveria ocorrer simultaneamente ao desenvolvimento físico e emocional.

Para colocar em prática essa concepção, era preciso adotar a gestão quadripartite das unidades dos CEUs, envolvendo as Secretarias de Educação, a de Cultura, a de Esportes e a comunidade. Levou algum tempo para que esse conceito de gestão fosse aceito por todos os envolvidos. A idéia de que escola é um lugar feito só para estudar, que nada tem a ver com alimentação, esporte ou lazer, era muito arraigada. E como quase todas as organizações, as Secretarias de governo também têm equipes ciumentas de suas áreas de atuação. Os professores de um dos CEUs sentiram-se invadidos quando a Secretaria de Cultura apareceu para organizar a festa de aniversário da unidade. O secretário Frateschi resolveu cruzar os braços e aguardar o resultado. Não foi lindo. Aos poucos aprendemos, todos nós, a produzir melhores espetáculos e resultados.

A construção da qualidade

Houve algumas experiências desastrosas, mas pedagógicas. Um belo dia, sem aviso, fui assistir a uma representação. Diante de uma platéia cheia, vi, horrorizada, um elenco de pequenas "paquitas" se contorcer numa duvidosa coreografia. Fiquei de cabelo em pé. Perguntei à diretora como aquilo tinha ido parar num palco do CEU e ela, muito simplesmente, explicou: "Temos a orientação de apresentar 50% da programação com indicações da programação da Secretaria da Cultura e os outros 50% de produção da comunidade. Estamos com mais de cem grupos locais inscritos. Não temos como assistir e selecionar; é por ordem de inscrição." Neste dia mandei contratar um produtor cultural para cada CEU. A imprensa criticou, pois não houve concurso. Fizemos inscrições por bairro e a secretária da Cultura escolheu os que considerou mais aptos. Nunca mais assistimos a espetáculos de quinta categoria nos CEUs. Foi saudável introduzir os repertórios da cultura e o do esporte no cotidiano da escola, mas aprendi que esse convívio não acontece espontaneamente e requer, além de muita negociação, alguma firmeza.

As atividades culturais ajudaram a irradiar para além dos seus limites o teor educativo dos CEUs. Estes, por sua vez, deram grande impulso aos programas da Secretaria de Cultura, que passou a contar com uma rede de 89 bibliotecas, 23 a mais do que havia antes, e 22 escolas de arte, em vez de apenas uma, além dos 28 teatros distritais. A troca foi rica em todas as áreas.

Na área de teatro, a Secretaria trabalhava com diversos programas. O mais conhecido era o fomento — patrocínio de longo prazo para o trabalho de grupos e a produção de espetáculos —, que permitiu belas montagens de grupos como Os Parlapatões, Teatro da Vertigem e Companhia do Latão. Os espetáculos resultantes do fomento podiam percorrer os palcos dos CEUs. Os professores eram treinados para saber como aproveitar em sala de aula os temas que os alunos iam ver no palco.

O Centro da Explosão Criativa

Na rede dos CEUs, além de formar público, os artistas dissecavam seu sistema de trabalho para os grupos vocacionais, outra frente de atuação da Secretaria. Compunham-se de gente interessada em fazer teatro, mas não necessariamente em se profissionalizar. Equipes de monitores ajudavam a formar estes grupos — havia cerca de 400 em CEUs, bibliotecas, telecentros e escolas. Uma vez por ano, todos os grupos vocacionais reuniam-se para uma atividade coletiva no Tendal da Lapa, sob a direção de diretores de mercado, como Tó Araújo, Eduardo Tolentino e Renato Borghi.

A reforma que adaptou a Galeria Olido às necessidades da Secretaria de Cultura, quando decidimos que ela se instalaria ali como parte do nosso esforço para revigorar o Centro, dotou o prédio de vários teatros e salas de música e dança. A arquiteta e cenógrafa Sylvia Moreira, autora do projeto, compreendeu o uso que almejávamos e, além de criar espaços arrojados para abrigar todo o equipamento necessário para as artes, realizou uma belíssima concepção. Ainda gosto de passar na frente do prédio e observar através da vitrine as pessoas tendo aula de dança de salão, como se fosse num aquário.

A Galeria Olido passou a ser o local para onde os "olheiros" de talento nos CEUs enviavam suas descobertas para aprimoramento. Mas sua função principal era ser um pólo centralizador e distribuidor de produção de todas as linguagens. Tanto poderia abrigar em seu teatro espetáculos criados na rede dos CEUs, nos grupos vocacionais ou dos telecentros, quanto aprofundar pesquisas que seriam, mais tarde, exibidas em toda a rede municipal. Quando

Peter Brook veio a São Paulo em 2004, a convite da Prefeitura, os grupos vocacionais participaram de uma oficina dele na Galeria Olido.

Na área de cinema, não havia uma preparação tão estruturada da audiência. Milhares de pessoas assistirem a filmes em tela grande era um acontecimento que ultrapassava o conteúdo da obra exibida. A população escolhia o que queria assistir, e freqüentemente pedia *blockbusters*, que tínhamos prazer em providenciar. O importante era que milhares de pessoas estavam descobrindo o ato social de freqüentar uma sala de cinema, acontecimento até então desconhecido em suas vidas.

O esporte também foi responsável por grandes conquistas da população. Por nunca terem tido oportunidade de entrar na água, milhões de pessoas foram privadas de uma habilidade — e de uma alegria —, que é saber nadar. Uma piscina muda substancialmente a qualidade de vida de seus usuários. Quando assumimos, 33 das 61 piscinas públicas estavam fechadas, algumas delas, como a da Vila Curuçá, Zona Leste, havia mais de dez anos. Como o resto da cidade, a situação de abandono era total — mato, rachadura dos ladrilhos e vestiários fechados. A secretária de Esportes Nádia Campeão, do PCdoB, uma mulher determinada e superprática, logo me propôs: "Vamos fazer um plano para recuperá-las em quatro anos." Como o dinheiro era curto, esse planejamento realístico foi vital para entregarmos todas as 61 piscinas em funcionamento, no final do mandato. Além de todas as recuperadas, a cidade ganhou, graças aos CEUs, 63 piscinas novas, além de 14 quadras e 21 ginásios.

Fui a várias entregas de balneários recuperados, e adorava ver a alegria das crianças. A que mais me comoveu — uma das maiores piscinas públicas de São Paulo — foi na Mooca. É maravilhosa; tem escorregadores, chafariz, um deleite! Eu ficava revoltada com o desperdício que era todo aquele equipamento público fechado por tantos anos!

No início, nos concentramos em propiciar convívio e lazer. A idéia da secretária era, numa segunda etapa, detectar e desenvolver talentos esportivos. Mais tarde, conseguimos enviar vários alunos dos CEUs para aprimoramento no Centro Esportivo da Prefeitura, no Ibirapuera, já restaurado sob a batuta da campeã Magic Paula, que convidei para dirigir o Centro.

Uma das parcerias mais emocionantes entre as Secretarias de Cultura e de Esportes era o programa Recreio nas Férias, que teve edições e acabou envolvendo 180 mil crianças. O programa era caro, mas criança pobre fica trancada em casa nas férias, não tem aonde ir. Eu pensava: Vamos aproveitar para dar um banho de alegria e cultura, abrir janelas para o mundo. O programa consistia em oferecer uma semana de atividade — passeio com lanche, monitor, museu, parque, filme, peça, piscina — para toda criança inscrita. Podia levar o irmãozinho. Muitas delas nunca tinham visto o Parque do Ibirapuera, o mais conhecido de São Paulo, projetado por Roberto Burle Marx no IV Centenário da Cidade, em 1954. Não é de estranhar que a maioria absoluta nunca tivesse pisado num museu ou visitado o Teatro Municipal, onde eles assistiam ao espetáculo "Introdução ao mundo da música", apresentado pela Orquestra Jovem Municipal e que consistia em apresentar, naquele cenário de veludos e dourados, o som de cada instrumento. As crianças ficavam extasiadas! O lanche caprichado era parte da farra.

Contratávamos 5 mil monitores, vindo de ONGs, grupos amadores de circo, de teatro, malabaristas e estudantes de educação física. Gente que raramente é contratada para trabalhos remunerados, eles trabalhavam com entusiasmo.

Oportunidade é chave, e me esforcei para proporcionar o máximo possível, especialmente às crianças. As mais talentosas poderiam se profissionalizar em atividades que, com a educação convencional, costumam se fechar para elas. Acredito que a recordação de uma experiência feliz nos dá instrumentos para tentar reproduzi-la. Uma das pessoas que melhor compreendeu o poder transformador do conceito que o CEU propõe foi o próprio Lula. Seu discurso de inauguração do CEU Jambeiro, em 1o de agosto de 2003, deixou isso muito claro:

> O que você está fazendo hoje, Marta, é mudar o padrão de educação
> deste país. O que você está dizendo hoje é que, se você pode fazer

uma escola dessa qualidade, outras cidades podem fazer, os estados podem fazer e nós haveremos de fazer. O que você está fazendo hoje, Marta, é fazer com que essas crianças pobres da periferia de Guaianazes venham para a escola e não tenham vontade de ir embora para casa, de noite. Você está fazendo com que essas crianças, ao deitar na cama, estejam com os olhos vivos, o coração batendo forte, porque querem levantar cedo e vir para a escola, porque essa vai ser uma escola em que as crianças vão se sentir bem, aqui elas vão poder aprender história, matemática, ciências; vão poder aprender física, mas vão poder também aprender a nadar, a fazer artes cênicas, a tocar; na verdade, as crianças pobres de Guaianazes estão tendo uma oportunidade de acesso àquilo que, até então, só os ricos ou a classe média alta brasileira tinha direito.

Você veio dizer, Marta, que no seu governo, no seu coração e na sua consciência política não existe discriminação. O filho de uma pessoa pobre, o filho de uma faxineira tem que ter o direito a uma escola de qualidade igual ao filho da sua empregadora ou da sua patroa.

É na escola que se estabelece o princípio da igualdade entre os seres humanos, e hoje, no Brasil, nós percebemos que a escola já é um divisor de águas. Quando nasce uma criança pobre, a gente já sabe que ela poderá desistir da escola, antes de terminar o ensino fundamental; quando nasce uma criança rica a gente já sabe que ela pode ir para Paris fazer pós-graduação.

O que você está fazendo é dizer ao povo de Guaianazes, aqui na cidade de São Paulo: os pobres serão tratados com dignidade, com respeito e com decência. Os atuais jogadores do Botafogo (de Guaianazes) que se preparem, porque vocês estão em cima de dois campos de futebol. Aqui, a molecada vai poder vir brincar, vai poder jogar bola e os atuais jogadores podem se preparar, porque vão perder o lugar para essa meninada, que vai ter muito mais condições de treinar do que vocês tiveram.

Eu vi aquelas menininhas ali fazendo balé, Marta, coisas que até então só eram possíveis para quem podia pagar uma escola. Não estava na cabeça dessas mulheres, mães dessas crianças, que um dia elas pudessem dançar balé, muito menos tocar violino, e você, Marta, está abrindo para essas crianças uma oportunidade. Você está dando a essas crianças a chance delas, amanhã, poderem provar que o que o povo pobre deste país precisa apenas de uma oportunidade na vida, e você está dando essa oportunidade.

Eu quero lhe dizer, minha querida Marta, que você hoje inaugura não só uma escola, você inaugura um padrão de decência, um padrão de respeito, você inaugura, na verdade, um novo jeito de tratar as pessoas neste país. Seria muito mais fácil gastar esse dinheiro em outro lugar, mas você veio gastar aqui, nesta cidade, onde há mães aflitas, porque não sabem o futuro dos seus filhos, que sabem que seus filhos não têm onde brincar e que, às vezes, vão ter que ficar na rua à mercê do narcotráfico, à mercê da criminalidade. Você está abrindo a porta do seu coração para dizer para essas crianças: no meu governo, pobre será tratado com respeito; no meu governo, pobre tem educação de qualidade.

As palavras de Lula, naquele dia, continuam a ser para mim uma espécie de prêmio para os nossos esforços, um encorajamento para o que ainda temos pela frente.

CAPÍTULO 15

A capital da inclusão

Em quatro anos, a Secretaria de Desenvolvimento, Trabalho e Solidariedade passou de uma pequena equipe com muitas teorias, pouco dinheiro e nenhuma prática, ao que os demais secretários chamavam, com saudável inveja, de "o mundo cor-de-rosa de Pochmann". Era a única Secretaria que tinha dinheiro. Foram 708 milhões de reais em benefícios monetários e 17 milhões em microcrédito. Com os recursos advindos da articulação com programas federais e estaduais, foi investido cerca de 1 bilhão de reais. Eu cortava de todos os lados para reforçar os programas sociais. No começo os outros secretários tinham faniquitos de ver a facilidade com que os recursos aumentavam para esta área. Na verdade não era fácil, mas eu tinha clareza — depois de anos convivendo com Eduardo — de que tínhamos uma chance única de implantar o Renda Mínima numa metrópole colossal e averiguar o impacto social. No terceiro ano de governo, com o Renda Mínima, CEU e Telecentros, já tínhamos conseguido reduzir a evasão escolar e até os índices de violência.

Uma Prefeitura não tem muitos instrumentos para gerar emprego ou, sequer, para dar de comer à população mais carente. Ecoava na minha cabeça a frase de Lula, quase um mantra dele: "Eu quero que o brasileiro tenha três refeições por dia." O Renda Mínima poderia propiciar isso, dizia Eduardo. E constatei que, de fato, podia. Alguns meses depois da implantação do programa, voltei a algumas das regiões que visitara logo no começo da gestão. Entrei num bar onde, um dia, havia tentado em vão encontrar alguma coisa para comer — lembro que tive que me contentar com um bombom Sonho de Valsa. Na segunda visita, vi, satisfeita, nas prateleiras, ampla oferta de mercadorias.

Conversei com o proprietário, e ele me explicou que, a partir do "programa de distribuição de dinheiro da Prefeitura", os moradores tinham passado a comprar arroz, óleo e lanches, entre outros itens. Acrescentou que chamara os dois filhos e um vizinho para ajudá-lo a atender os fregueses. Exultei. O avanço era mais rápido do que eu imaginara.

Na pesquisa que fizemos uns meses depois, verificamos que o dinheiro era gasto, primeiro, com alimentação, depois com o pagamento de dívidas e, em seguida, com vestuário. E o mais interessante: ao contrário do que imaginávamos, o beneficiado gastava tudo na região onde morava. O programa foi tão bem avaliado que serviu de modelo à política social do governo federal. Quando Lula ganhou, já éramos a cidade com o maior programa social desse tipo em todo o mundo.

Conseguimos beneficiar 490 mil famílias, quase 2 milhões de pessoas, 80% da população que vivia em situação de pobreza. E como os gastos dessas pessoas irrigaram as economias locais, os efeitos dos programas se ampliaram. A garantia dos recursos mínimos necessários à sobrevivência reduziu o número de crianças, de jovens em idade escolar e de mães com filhos pequenos no mercado de trabalho. Menos concorrência pelos mesmos empregos e possibilidade de recusar a sub-remuneração agiu positivamente sobre os padrões salariais.

Na esteira do que notei no bar veio a constatação de uma novidade nas estatísticas paulistanas. Antes das nossas ações, quando o emprego crescia, o crescimento era no Centro; depois delas, a maioria dos novos postos de trabalho surgiu nas regiões pobres, nos 13 distritos mais vulneráveis, que por isso receberam já em 2001 os programas sociais.

Dos 250 mil empregos criados na cidade em quatro anos, 54% localizavam-se nesses lugares. Os CEUs tiveram uma participação importante nesse índice: na construção, empregaram 8 mil trabalhadores; em operação, cada um gerava 350 empregos diretos e 500 indiretos.

A redução da violência, revelada pela queda do índice de homicídios, também se mostrou maior nos 13 distritos atendidos a partir de 2001. Embora ações no setor de segurança pública também possam ter contribuído para a redução, isso confirmou que a melhora da qualidade de vida produz impacto imediato sobre a violência. E as nossas ações tinham melhorado o cotidiano daquelas pessoas.

Uma das principais causas da manutenção da pobreza é a dificuldade de manter na escola as crianças carentes. Antes de nossas ações, eram os distritos mais pobres de São Paulo que registravam os maiores índices de evasão. Graças à combinação dos programas sociais e das políticas públicas de educação, com transporte escolar, refeição na escola e uniforme, além dos professores mais motivados, a evasão nesses distritos ficou igual à das demais regiões da cidade — em torno de 1% dos alunos matriculados. Conseguimos interferir sobre uma das principais matrizes de ampliação da desigualdade.

Por que não eu?

Num conjunto tão amplo de ações, havia erros, também, que precisaram ser corrigidos no caminho. Em visitas à periferia, ouvia constantes reclamações: "Por que minha vizinha recebe e eu não?", era uma pergunta típica. Lembro de uma senhora que veio me contar, bravíssima, sobre a vizinha que tinha casa própria, tinha carro, era casada e ganhava uma bolsa da Prefeitura, enquanto ela ficara de fora. Cansada de não ter respostas para esse tipo de dúvida, determinei ao pessoal responsável: "Desta vez quero saber exatamente o que se passa." Eles verificaram que a casa própria era do sogro ou dos pais da vizinha, que o marido estava desempregado e que ela tinha um filho com deficiência. Além disso, a vizinha não trabalhava e viviam todos da aposentadoria do velho. Diante de situações como essa, a população ficava confusa sobre os critérios. Provavelmente, algumas pessoas escamoteavam. Quando vinham falar comigo, eu explicava: "Olha, é igual ao Imposto de Renda. Tem gente que não paga corretamente, mas nem por isso vamos acabar com o Imposto de Renda. Não vou encerrar o Renda Mínima porque algumas pessoas são desonestas." De todo modo, era um trabalho de controle permanente, do contrário a ação do poder público se desmoralizaria.

As ações simultâneas produziram resultados no cotidiano das pessoas, reduzindo a tensão e a violência. Faz total diferença no estado de espírito de um trabalhador que procura emprego honestamente ter ou não ter o que dar de comer aos filhos ao chegar em casa. Na pesquisa sobre os diferentes impactos nota-se apenas a diminuição do homicídio, mas, provavelmente, os incidentes de violência doméstica também reduziram. Percebia-se que, à medida que as oportunidades apareciam na periferia, ficava mais raro o jovem ir para o barzinho e — como eles diziam — partir para um "rolê".

Orgulho afro-brasileiro

Embora nossas políticas tenham sido pensadas para todo cidadão em situação de vulnerabilidade — e não para segmentos ou cotas —, o perfil do público atendido mostrou que elas resultaram no maior programa de inclusão de mulheres e negros já realizado no Brasil: 74% dos beneficiados eram do sexo feminino e 54% se autodenominavam negros e pardos, embora, no total da população paulistana, só cerca de 30% se definissem assim. Algumas iniciativas de outra natureza viriam reforçar notavelmente a reflexão da cidade sobre as questões da raça negra. Uma delas foi a adoção em 20 de novembro de 2003, data de aniversário de morte de Zumbi de Palmares, como feriado municipal. A medida, proposta havia quatro anos pela vereadora Claudete Alves, do PT, encontrava fortes resistências. Alegavam-se desde motivos práticos, como a existência de feriados demais, até razões mais teóricas, como a inconveniência de delimitar diferenças raciais. Achei que a vereadora tinha razão ao sustentar que um feriado colocaria em evidência o tema da participação do negro na sociedade brasileira, provocaria o debate e faria circular mais informação sobre o assunto.

Por sugestão de intelectuais negros conseguimos adquirir para as bibliotecas municipais uma série de aproximadamente de 200 títulos de obras históricas e literárias que exprimiam uma visão de mundo pela perspectiva dos cidadãos negros. Tratamos também de orientar os professores sobre sua utilização em sala de aula. Mas talvez a ação de maior visibilidade na questão racial tenha sido a abertura do Museu Afro Brasil, em outubro de 2004, no Pavilhão Manoel da Nóbrega, parte do conjunto arquitetônico de Oscar Niemeyer no Parque do Ibirapuera.

Quando começamos a pensar num museu, só tinha uma certeza: ele não seria feito em qualquer lugar. "Chega de porão e de galpão distante", insisti. A importância do museu teria de começar pelo lugar. E surgiu a idéia de destinar à nova instituição o prédio que, no passado, já sediara a Prefeitura. Achei que era o endereço ideal: o edifício mais bonito do parque mais prestigiado da cidade.

Seu curador foi o artista plástico Emanoel Araújo, responsável pela magnífica exposição "Negro de corpo e alma", parte da Mostra do Redescobrimento. De acordo com o projeto, incorporado com grande entusiasmo pelo secretário de Cultura Celso Frateschi, queríamos um museu que cultivasse a memória da diáspora, que constituísse um centro de referência e, sobretudo, que fosse capaz de olhar a história do Brasil sob a perspectiva do negro. Não desejávamos tratar o assunto como uma especialidade ou como interesse exclusivo de um segmento, mas mostrar que ele dizia respeito a toda a sociedade. Pretendíamos interferir sobre um equívoco da auto-imagem dos paulistanos, para quem as diversas migrações que formaram a nossa sociedade tornavam São Paulo diferente do Brasil mestiço, mais marcado pela escravidão. Não apenas porque a descendência afro-brasileira constitui cerca de 30% da população da cidade, mas também porque, por abrigar brasileiros de todos os estados, São Paulo é uma caixa de ressonância do Brasil. Desejávamos também um museu interativo, com uma programação que convidasse o cidadão a participar.

A generosidade e o talento do curador Emanoel Araújo foram fundamentais para a concretização do museu. O acervo inicial constituiu-se de 1.100 peças de sua coleção particular, entre pinturas, esculturas, gravuras, livros, vídeos, figurinos-rituais e objetos de *design*, cedidos por Emanoel. Entre os seus tesouros figuram gravuras de Rugendas, máscaras rituais da Nigéria e da Costa do Marfim e trajes de maracatu.

Este bairro é meu!

Buscávamos, de diversas maneiras, elevar a auto-estima da população. Começamos a perceber que a maioria dos jovens e crianças que se matriculavam nos CEUs não eram de famílias locais. Muitas tinham vindo de outros estados recentemente e só algumas tinham vínculos mais antigos com o lugar ou pertenciam a famílias estabelecidas ali por muitas gerações. Cida Perez teve a idéia de levantar a história de cada região para os moradores antigos se reconhecerem e os mais recentes se apropriarem. Quando ela mencionou o que iria fazer — e tudo tem um custo —, concordei, mas não imaginava como seria bonito e interessante o resultado daquilo.

Quando se inaugurava um CEU, fazia-se uma exposição, preparada com a participação de moradores do bairro. Era um trabalho demorado, realizado por uma instituição acadêmica que orientava a pesquisa sobre a memória do bairro — desde a primeira pessoa que se instalou ali, o terreno em que eram plantados limoeiros, onde era o pasto das vacas, a história daquele lugar. Eles organizavam o conhecimento e produziam cartazes imensos, com fotos, que eram colocados em painéis no pátio. Quando as pessoas chegavam para a inauguração, ficavam maravilhadas e algumas até reconheciam parentes. Sua história ganhava importância Elas pertenciam a uma comunidade, faziam parte daquele lugar, haviam construído aquilo e chegado lá. O projeto era feito exatamente para isso.

Direito à cidadania

Mais vinculada a fatores culturais do que à realidade econômica, a inclusão dos cidadãos homossexuais também avançou durante a gestão. O passo mais simbólico desse progresso foi o reconhecimento dos direitos de parceiros em casamentos de indivíduos de mesmo sexo. Em setembro de 2002, orgulhosamente, entreguei os documentos que permitiam à viúva de uma funcionária pública municipal receber a pensão da companheira, falecida havia pouco mais de um ano. São Paulo foi a primeira cidade no Brasil a estender aos servidores homossexuais os direitos garantidos aos demais. A partir daí cidades como Rio de Janeiro e Recife, e o próprio governo federal, adotaram a mesma postura.

O novo espaço institucional garantido aos movimentos de homossexuais chegou até o Orçamento Participativo, com a possibilidade de reivindicar recursos municipais para serviços e equipamentos destinados a esse segmento. Tiveram início graças a esse mecanismo os primeiros passos para a criação do Centro de Referência GLBT, que acabou se concretizando na gestão Kassab. Logo vislumbrei que a Parada Gay, da qual participei desde o início, quando só reunia algumas centenas de pessoas, deveria ser incrementada e poderia se tornar, além de símbolo, instrumento para a não-discriminação. Acabou sendo tudo isso e uma das maiores atrações turísticas de São Paulo, que reúne cerca de 2,5 milhões de pessoas e agita a indústria turística com forte injeção de recursos.

Os neurônios e os telecentros

De todos os projetos de inclusão postos em prática durante a gestão, um dos mais notáveis, pelo poder de emancipar e fornecer instrumentos de cidadania, é o dos Telecentros. Um dia uma pessoa simples, que trabalhava comigo, contou que o marido não tinha conseguido a vaga de porteiro numa fábrica porque não sabia informática. Contou-me que estava economizando para o filho aprender noções de computação num cursinho perto de sua casa, e assim ter melhores chances que o pai. Quando me disse o preço do tal cursinho, vi que representava uma boa fatia de seu salário. Percebi que milhares de mães e de jovens deveriam estar vivendo o mesmo desafio, e comecei a pensar numa solução. A resposta veio quando me tornei prefeita, com o projeto de abrir lugares públicos onde a população aprendesse a lidar com computadores e a entrar na internet. Esse projeto, destinado a instalar telecentros nas regiões mais carentes da cidade, chamou-se e-Cidadania.

Tínhamos criado o Governo Digital, o site da Prefeitura, com o objetivo de dar transparência às nossas ações e de facilitar a relação do cidadão com o governo. O responsável pelo Governo Digital era o sociólogo Sérgio Amadeu da Silveira, que integrava a equipe da Secretaria de Comunicação, depois de um bem-sucedido trabalho de inclusão digital no Instituto Florestan Fernandes, dedicado a formular propostas de políticas públicas. O site ia oferecer uma série de serviços on-line, e sua utilidade seria diretamente proporcional ao número de cidadãos familiarizados com a informática e a internet.

Tomando por base o levantamento das regiões mais carentes da cidade, que orientou a implantação dos programas sociais, e mantendo nosso princípio de não dispersar os parcos recursos e investir nas mesmas regiões, Amadeu e a socióloga Beá Tibiriçá, coordenadora do programa, decidiram que Cidade Tiradentes seria um bom lugar para abrigar o primeiro telecentro. Adaptaram uma sala comercial abandonada do Cohab Santa Etelvina e utilizaram máquinas velhas da Prodam, Empresa de Processamento de Dados do Município, que também destacou instrutores para ensinar aos novos usuários.

Em pouco tempo de funcionamento, o Telecentro de Cidade Tiradentes tinha fila na porta de manhã até de noite. Cinco mil pessoas se inscreveram. Inicialmente, a maioria eram jovens de 14 a 24 anos, mas logo cresceu a presença de idosos — avós e tios que iam levar crianças e acabavam por fazer o curso também.

Quando fui visitar pela segunda vez o telecentro, conheci uma senhora bem idosa que me surpreendeu pela tenacidade com que se empenhava em aprender. Perguntei como seu interesse fora despertado, e ela me explicou que tinha ido matricular a neta, e o rapaz que a atendeu achou que a pretendente fosse ela. "Por que não?", ela se perguntou. "Se ele acha que posso..." O relato dela me fascinou: "Aí, prefeita, comecei a vir todo tempo que podia, e sabe o que aconteceu? Aconteceu que os meus neurônios voltaram a funcionar", contou-me a nova internauta. Que experiência, Deus! Depois soube de um inesperado benefício secundário: a incidência de depressão e a demanda de remédios para idosos nos postos de saúde perto de telecentros havia diminuído. É formidável como os idosos, quando têm chance e, claro, quando mantêm uma chama viva dentro de si, aproveitam as oportunidades oferecidas. Seja nas igrejas ou, como vi, nas aulas de dança e de hidroginástica nos CEUs. No fim, a senhora que falou dos neurônios gostou tanto de passear na internet que se tornou uma espécie de militante da inclusão digital. E recuperou a saúde.

Este bicho, o mouse

Qualquer pessoa não-familiarizada com informática se assusta no primeiro contato com o computador e o mouse. O equipamento inspira receio e, portanto, os cursos básicos de sensibilização e familiarização com a máquina eram fundamentais. Depois de muita discussão, concluímos que os professores deveriam ser da própria comunidade e surgiu a idéia de convocar os funcionários públicos da região que se sentissem capacitados para essa tarefa. Fiz um chamado aos que tivessem conhecimentos de informática e quisessem trabalhar perto de suas casas: eles poderiam ser transferidos para telecentros. Deu certo. Mais tarde quando parcerias privadas nos permitiram aumentar o número de telecentros, Beá e Serginho sugeriram chamar jovens dos próprios bairros. Confesso que achei que não iriam conseguir o número necessário. Choveram interessados — o difícil foi escolher.

Num dos telecentros que visitei, olhando a criançada trabalhar notei um jovem que nem piscava. Fiquei indignada ao verificar o alvo de seu interesse: ele estava vidrado no *chat* de um *reality show* — acho até que era o mesmo de que o Supla participou. Fui falar com o monitor: "Então era para tamanha bobagem que fazíamos aquele enorme investimento?" Boa lição recebi naquele dia. O monitor, garoto da periferia, respondeu: "Prefeita, para aprender tem que ter interesse. O interesse dele agora é este. Depois, quando ele dominar o instrumento, não sabemos para onde ele vai voar." Bom aluno do Paulo Freire!

Discutiu-se muito se os telecentros deveriam ou não dar acesso a jogos. Os pais achavam perda de tempo. Amadeu e Beá acabaram por me convencer de seu ponto de vista: por que é que menino de classe média pode aprender jogando e o da periferia não?

No deserto de lazer das periferias, os telecentros acabaram virando grandes centros comunitários, onde, além do acesso aos computadores, aconteciam as mais diferentes atividades. Antes, o ponto de encontro era o bar local, onde certamente a noite poderia evoluir para programas menos seguros. Nos telecentros, a moçada jogava conversa fora, paquerava e, como tinha guarda, a possibilidade de aparecer droga era menor. Abriam cursos de moda, de HTML, de jardinagem, de dança, de violão... As pessoas iam fazendo as coisas e usando o computador como forma de melhorar a vida. Uma listagem no final da gestão reuniu mais de sessenta tipos de atividades. Essa era a idéia. Como diziam os responsáveis pelo projeto, "o mais importante é que ele foge do nosso controle".

Como em tudo que fazíamos, sabíamos que não bastava a Prefeitura prestar esse serviço — era preciso entregá-lo para que a comunidade tomasse conta. Para isso era necessário criar um conselho gestor que pudesse cobrar da Prefeitura equipamento, serviço mais qualificado, cursos, oficinas. Uma vez eles fizeram uma Semana da Inclusão Digital, que juntou telecentros de toda a América Latina no Centro Cultural São Paulo. A partir daí surgiu a reivindicação de cursos de línguas — os paulistanos da periferia tinham começado a se relacionar com gente do Peru, do Equador.

Os gestores eram eleitos pela comunidade. Levávamos o esqueleto de um estatuto, eles discutiam, montavam seu próprio regulamento e, na assembléia final, elegiam os gestores. No começo, os escolhidos eram as mesmas pessoas que participavam do Conselho de Saúde, da paróquia, de tudo — os superparticipantes. Com o tempo, os usuários se escalaram para a gestão e, em alguns lugares, surgiu até o conselho gestor jovem, que providenciava atividades como capoeira e música. O Conselho decidia tudo: quem tinha prioridade no uso, como se usava a impressora, por quanto tempo se podia ocupar um aparelho, a que horas fechava, que atividades poderiam ser promovidas.

Em quatro anos, funcionando nas regiões mais violentas da cidade, houve apenas seis casos de roubo de equipamento, ao contrário do que acontecia com as salas de informática das escolas, roubadas com freqüência. Penso que os gestores eram parte importante dessa segurança. Eles conheciam a comunidade e tomavam conta daquilo como se fosse deles — e, de fato, era deles. Essa experiência nos levou a encorajar a comunidade educacional a abrir o maior tempo possível as salas de computação das escolas, a reduzir os horários de sala trancada. Nos CEUs essa orientação já estava incorporada.

Aprendemos também a importância de a identidade pública ser bem sinalizada visualmente. Os pontos tinham um totem e um padrão de pintura que mostrava tratar-se de equipamento público da Prefeitura, onde todos podiam entrar. Telecentros de outras cidades, que não tinham essa sinalização, registravam muito menos acessos.

O ensino era gratuito e totalmente informal, e fizemos questão de que se mantivesse assim. Os primeiros instrutores, funcionários da Prodam, estavam acostumados a ensinar em salas de aula — e telecentro não é sala de aula. O monitor tinha que acostumar a dividir a atenção entre diversas demandas. O conceito que se procurou passar é que ali não era uma escolinha de informática, em que as pessoas iam aprender a digitar. Fazia-se isso *também*. A principal missão do telecentro era propiciar o convívio e a articulação, estes, sim, indispensáveis para transformar informação em conhecimento.

Lembro de um caso esdrúxulo que presenciei. Uma senhora idosa copiava com a maior meticulosidade um livro, e constatei que era em inglês. Curiosa, perguntei se estava se exercitando no idioma. Ela me respondeu, muito séria, que copiava para aprender inglês! E continuou pacientemente o trabalho. Cheguei a pensar em sugerir um método mais eficiente, mas, como já havia recebido uma lição de pedagogia do jovem monitor, saí caladinha, feliz por ela estar se propiciando, senão o aprendizado de inglês, pelo menos um sonho.

Eu, cidadão

Embora inibidor no primeiro momento, com o tempo, o teclado pode tirar o medo da escrita. Os monitores de um dos telecentros receberam um dia um e-mail que parecia um vírus: uma sucessão de palavras grudadas que, à primeira vista, não fazia sentido. Até que alguém leu em voz alta e viu que era possível identificar palavras naquela massaroca de letras. A mensagem, descobriram os funcionários, era de uma senhora que se sentara ali à espera do neto. Ela mal sabia escrever, mas se sentiu encorajada porque o teclado elimina o estigma da letra feia, que tanto inibe quem escreve com dificuldade. Depois dessa descoberta, o telecentro saiu atrás de parcerias para conseguir professores de alfabetização de adultos.

Até o final do segundo ano, os telecentros eram instalados em edifícios públicos: prédios da Prefeitura, conjuntos habitacionais. Depois eles não deram mais conta da demanda. Começaram então os telecentros conveniados. A Prefeitura entrava com equipamento, material didático e funcionários, e fazia parceria com uma entidade que oferecia o lugar — igrejas, Mulheres Sem Terra de Ermelino Matarazzo, escolas do Instituto D. Bosco e as mais diversas entidades assistencialistas. Cumprindo nosso papel de articuladores, alavancamos muitas parcerias com empresas privadas. A Telefônica foi um grande parceiro dos telecentros, assim como a Vivo e o banco Santander, que adotou 75 telecentros — pagava os funcionários, o material didático e outras despesas. Ganhamos muitos prêmios internacionais e, à medida que crescia a repercussão, ficava mais fácil encontrar novos parceiros. Era um trabalho inovador, lidava com um público imenso, usava software livre e era o maior projeto de inclusão digital já feito numa cidade. Chegamos ao final da gestão com 130 unidades.

A partir do segundo ano de gestão, os telecentros se tornaram uma reivindicação que aparecia no Orçamento Participativo. Acabamos por criar uma nova demanda na cidade. As pessoas entenderam que o acesso ao conhecimento era um direito delas. Essa é uma das razões pelas quais eles continuam existindo. Mal ou bem, com outra política ou um horário diferente de funcionamento, não acabaram. Ficou claro para a população que inclusão digital não era programa de uma gestão ou de um partido, era uma conquista da cidade.

O desastre da década de 1990

Como escreveu Marcio Pochmann, o sucesso de todo trabalho de política social tem um avesso melancólico: o fato de que socorremos 490 mil famílias significava que, infelizmente, havia 490 mil famílias vivendo na pobreza e na miséria. O ideal seria que a cidade nem precisasse criar uma Secretaria de Desenvolvimento, Trabalho e Solidariedade. Mas estávamos muito longe disso.

A exclusão social em São Paulo constitui um retrato assustador do neoliberalismo que devastou o Brasil e o mundo na década de 1990. Como a capital mais rica e industrializada do país, São Paulo sofreu mais duramente os efeitos desse processo, 450 mil postos de trabalho industrial desapareceram no município ao longo daqueles anos. E, de cada dois indivíduos que chegaram à idade de trabalhar, um conseguiu emprego, o outro ficou desempregado.

No passado, os excluídos eram os analfabetos e os migrantes que trocavam o campo pela cidade. Os novos excluídos eram pessoas que haviam tido acesso à educação e integrado um dia o mercado de trabalho urbano. Dos beneficiários de nossos programas, 31,2% chegaram até a 4ª série do ensino fundamental, 38% estudaram até a 8ª série e 25% freqüentaram o ensino médio; 80% tinham experiência profissional. O desastre teria sido ainda maior se não tivessem crescido as necessidades de serviços de educação, saúde e transportes na cidade e, sobretudo, se as verbas para educação não tivessem sido vinculadas à arrecadação em todas as instâncias de governo, permitindo, assim, que se mantivessem os postos de trabalho na educação pública. Enquanto isso, a riqueza atingiu níveis inéditos de concentração. No país, a renda dos 10% mais ricos passou ser a sessenta vezes maior que a dos 10% mais pobres. Em São Paulo, o número de famílias ricas quadruplicou (passou de 118 para 441 mil). Não podíamos cruzar os braços diante da tragédia.

CAPÍTULO 16

Finanças

Por seu impacto sobre todas as áreas, as finanças apresentaram o maior desafio da gestão — governar uma cidade quebrada, com uma dívida que consumia 13% da receita líquida mensal e ainda impedia novos financiamentos. Vieram também das finanças os episódios mais desgastantes que enfrentei como prefeita, frutos de equívocos facilmente evitáveis... depois que se aprende com a experiência. Ironicamente, porém, as finanças nos deram a oportunidade formidável de demonstrar competência e compromisso público.

Em quatro anos, conseguimos promover uma autêntica revolução econômico-financeira, baseada em justiça fiscal, transparência administrativa e responsabilidade no trato com o dinheiro público. Entregamos, ao fim do governo, uma máquina enxuta e eficiente, que permitiu à administração que nos sucedeu registrar, trinta dias depois de tomar posse, 1 bilhão de reais de *superavit*.

Dinheiro em caixa, é bom que se diga, não pode ser a finalidade do poder público; é apenas o meio que possibilita realizar seus projetos. Lucrar é a meta das empresas privadas. O dever de uma Prefeitura, ao contrário, é gastar criteriosamente, em benefício do cidadão, aquilo que arrecada. Numa cidade com tantas urgências como São Paulo, *superavit* faz pensar, na melhor das hipóteses, em falta de projeto, na pior, em perversidade. É imperdoável guardar em caixa o que está faltando em remédios, em saúde, em habitação...

Com o crescimento econômico, as transferências de recursos aumentaram e a tarefa dos governantes ficou mais fácil. Quando assumi, a situação era assustadora. Encontrei uma dívida de curto prazo que ultrapassava 2 bilhões de reais e uma bomba de efeito retardado, representada pelo contrato de renegociação das dívidas de longo prazo com a União. Pelas condições que o governo Fernando Henrique teve a audácia de propor, e Celso Pitta a irresponsabilidade de aceitar, além dos 13% mensais, deveríamos pagar, em novembro de 2002, uma parcela de 3,095 bilhões de reais — o equivalente a toda a arrecadação da Prefeitura durante quatro meses ou a tudo que investimos em saúde e educação naquele ano! Pitta deixara uma bomba-relógio para o sucessor — o contrato só entraria em vigor depois que ele saísse.

O acordo não tinha sido feito para ser pago e, evidentemente, não conseguimos saldá-lo. Não havendo pagamento, pela multa contratual, os juros da dívida subiram 50% — passando de 6% para 9% ao ano. Embora tenhamos recolhido, em quatro anos, mais de 5,3 bilhões de reais à União — 4,4 bilhões só de juros e encargos —, a dívida passou de 14,5 bilhões em 2000 para mais de 29 bilhões em 2004.

A Prefeitura de São Paulo tinha, além disso, uma enorme dívida social com a população, que precisava, mais do que nunca, de serviços públicos. Passamos meses, anos, desesperados atrás de dinheiro. Os secretários de Finanças João Sayad e, mais tarde, Luis Carlos Afonso, ex-secretário municipal em Campinas e ex-diretor do PETROS — segundo maior fundo de pensão do país —, acompanhavam-me de perto nessas tentativas. Além de nova conjuntura, com maior arrecadação e crescimento econômico, a administração Serra encontrou recursos que nós trabalhamos para conseguir e deixamos praticamente prontos. Além do dinheiro do BID, disponível para a reformulação do Centro.

Impedidos de contrair um único empréstimo, nosso eventual fôlego financeiro dependia, exclusivamente, de nossa capacidade de buscar socorro junto a organismos internacionais, de modernizar a máquina administrativa, sobretudo, de inventar novas fórmulas. Tratamos de atacar todas as frentes ao mesmo tempo.

Até 2001, por incrível que pareça, a folha de pagamentos da Prefeitura de São Paulo era feita à mão! Independentemente da questão de desvios e abusos, perdia-se muito dinheiro pela soma dos pequenos erros, inevitáveis naquele método kafkiano. Numa administração tão complexa, descobria-se, de repente, que havia dinheiro parado em diversas contas esquecidas. A informatização, por si só, já nos trouxe considerável economia.

Começamos o processo de modernização para tornar a ação fiscal mais transparente e planejável dentro do município de São Paulo. Aplicamos para isso o Programa de Modernização da Administração Tributária, do BNDES. As informações necessárias para o contribuinte, da legislação aos formulários de recolhimento de impostos, passaram a ser oferecidas pela internet, na página da Secretaria de Finanças. Os serviços on-line começaram a ser implantados. Embora tenham sido adiados em muitas áreas por entraves técnicos, legais e burocráticos, o atendimento prestado ao cidadão deu um salto significativo de qualidade.

Criamos a praça de atendimento da Secretaria das Finanças no Anhangabaú, enfrentando para isso grandes atritos dentro da Secretaria, que, inicialmente, resistia a mudanças. Em instalações limpas e funcionais, conseguimos alterar a lógica perversa que obrigava o cidadão a percorrer os guichês em busca de seus documentos, e fizemos o papel, e não as pessoas, percorrer as devidas instâncias. Conseguimos também que nenhum atendimento mais fosse feito em salinhas fechadas — atendimentos públicos têm de ser controlados publicamente. Nossos sucessores efetuaram algumas mudanças de fiscalização, principalmente em relação ao ISS, que nos pareceram acertadas, mas já herdaram o caminho aberto. Porque informatizar, livrar-se da peregrinação do papel, não apenas dá mais agilidade, como inibe a roubalheira.

Introduzimos, em 2002, o IPTU progressivo. Sempre achei que era o correto: quem tem mais paga mais, quem tem menos paga menos. Luiza Erundina tinha feito a primeira tentativa nesse sentido, mas, depois de muitos questionamentos judiciais, a medida foi revogada. Uma emenda constitucional, pouco antes de eu ser eleita, abriu definitivamente o caminho para a progressividade e, em 2002, a Câmara de Vereadores aprovou a cobrança diferenciada. E 2003, reajustamos a Planta Genérica de Valores do Município, providência que não era tomada havia anos, e que atualizava os valores dos imóveis. Eu ficava bastante preocupada com o valor da somatória dos aumentos e perguntava: Quanto uma família de classe média baixa vai passar a pagar? Quanto vão pagar as residências de bairros nobres? Sayad não conseguia me fornecer números confiáveis. Creio que foi errado concordar com a operação sem ter esses números, impossíveis de se obter, na ocasião.

Queríamos muito um imposto que contemplasse as diferenças de investimento em cada bairro: o IPTU progressivo pode tornar isso possível. Bairro com mais conforto, arruamento, rede de luz e de gás e coleta de lixo, paga mais. Conseguimos isentar 1 milhão de residências cujos imóveis valiam até 50 mil reais, mas os aumentos acabaram distorcidos e, em muitos casos, ficaram pesados para o orçamento de muitas famílias.

As mudanças aumentaram a arrecadação do imposto de 1,7 bilhão para 2 bilhões de reais, ainda em 2002, e, com alguns percalços, tornaram o tributo mais justo. Até então, todos os proprietários pagavam a alíquota única de 1%. Pelo critério da progressividade — quem tem mais paga mais —, parece incrível, mas 69% dos imóveis de São Paulo foram beneficiados com redução ou isenção. Os demais 31%, correspondentes aos imóveis mais valiosos da cidade, passaram a pagar mais. Para algumas famílias, embora poucas, este aumento foi muito pesado; para outras, era a lamentação de quem tem muito e não utiliza os serviços públicos de saúde e de educação. Portanto, houve reclamações e o velho discurso anti-petista de pintar todo aumento de imposto como extorsão foi ressuscitado.

Infelizmente, a maioria dos profissionais da imprensa pertence à faixa dos cidadãos que foram mais afetados pelo aumento dos impostos. Os beneficiados não tiveram o mesmo espaço para se manifestar. Eu já via a repetição de um fenômeno da outra gestão petista, quando o favelado reclamava do aumento que ocorreria no IPTU sem perceber que ele, além de não pagar, seria o maior beneficiado em serviços públicos.

Entretanto, não tivemos muitas ações contra a Prefeitura, e lembro da minha indignação com uma cadeia estrangeira de supermercados que moveu uma ação para não pagar o aumento do IPTU. Liguei para o presidente da empresa e perguntei se ele não estava contente com seus negócios no Brasil. Comentei que suas lojas vendiam em bairros pobres da cidade, cujos moradores seriam beneficiados com a nova arrecadação. Perguntei se não se sentia constrangido com a atitude que o supermercado tomara. Respondeu que não estava a par da ação judicial e que iria averiguar. Logo em seguida, retiraram o processo.

Pensar longe e querer muito

A disposição de pensar a cidade a médio e longo prazo estava na origem de duas medidas que, por diversos motivos, tornaram-se muito impopulares: as famosas taxas do lixo e da luz. São Paulo produzia cerca de 10 mil toneladas diárias de lixo e gastava quase 500 milhões de reais por ano em coleta e destinação. Os aterros sanitários em que o lixo era despejado estavam à beira de sua capacidade, invadindo as reservas ambientais à sua volta. A coleta seletiva poderia reduzir em 30% esse volume e, a médio prazo, reduzir os custos e os prejuízos ambientais, além de gerar ocupação e renda para catadores de material reciclado. A conduta convencional — coletar e jogar fora todos os resíduos orgânicos e inorgânicos misturados — sai caríssimo para os cofres públicos e para o ambiente.

Eu poderia simplesmente fechar os olhos para o problema e deixá-lo de herança para futuras administrações, como fizeram conosco. Preferi enfrentá-lo, ainda que os benefícios de nossas medidas só fossem aparecer mais tarde. Propusemos um novo modelo de gestão do lixo, que incluía investimentos em novos aterros, coleta mecanizada de material reciclável e extensão das coletas às favelas, com veículos especiais. Seria um salto para a modernidade.

Para fazer frente à despesa anual de 200 milhões de reais que isso acarretaria, além do que já se gastava, seria preciso fazer concessão do serviço por vinte ou trinta anos. E naquela época a legislação condicionava a concessão à cobrança de taxa, como se faz nos pedágios. Assim, decidimos cobrar uma taxa, proporcional ao lixo gerado em cada imóvel, de 18 reais a 120 reais por mês para estabelecimentos comerciais e de 6,14 reais a 61 reais para residências, determinados por autodeclaração, conforme a quantidade de lixo que gerassem. A cobrança tinha a dupla finalidade de obter recursos e comprometer o cidadão com a redução do lixo gerado, estimulando com isso a reciclagem. Nunca imaginei que essa iniciativa pudesse gerar o problema em que se transformou.

Lembro que na visita da rainha Beatrix, da Holanda, em companhia do príncipe Guilherme e da princesa Máxima, passei um dos momentos mais constrangedores da gestão. Caminhava com ela no Centro de São Paulo, cercada por guardas e pelo povo, quando começaram a gritar impropérios contra a taxa de lixo. Prossegui, impávida, sem pestanejar, como se não fosse comigo. Foram minutos tenebrosos, de muitos gritos e grosserias. Andamos alguns metros e quando entramos no carro, a rainha me perguntou do que se tratava. Expliquei que o motivo era a recém-criada taxa para a coleta do lixo, e ela comentou que o imposto existia em todos os países. Fiquei quieta. Percebendo que a sua resposta não me consolara, ela me contou que passara uma grande consternação no casamento de seu filho. Naquela ocasião, o governo holandês lutava contra a doença da vaca louca e fora preciso sacrificar um imenso rebanho. Os criadores de gado apareceram no cortejo do casamento trajados de negro. "Minha nora e meu filho tiveram que viver uma situação muito dura num momento de grande alegria", recordou. *"Thank you, your majesty"*, agradeci. Como pode ser consoladora a elegância de uma rainha!

A licitação para escolha das empresas que se encarregariam por vinte anos da coleta e destinação do lixo em São Paulo foi suspensa pela administração Serra, que contratou a FIPE para checar seus valores. A Fundação concluiu que eles estavam corretos e os contratos foram retomados, com uma redução de 17% dos valores inicialmente previstos, mas com os investimentos em melhoria adiados. Agora que um dos aterros atingiu o limite, o lixo é derramado em terrenos fora de São Paulo. A coleta nas favelas não se realizou e a coleta seletiva parou onde deixamos. Baixar preço, retirando serviços, não é difícil.

Sem maquiavelismo

A taxa de luz não foi inventada em nossa gestão — é fruto de um movimento nacional de prefeitos, liderado pelo ex-prefeito de Vitória, Luiz Paulo Velloso Lucas, do PSDB. Aprovada no Congresso Nacional em 2003, foi prontamente adotada por mais de uma centena de municípios em todo o país. A proposta que encaminhamos à Câmara dos Vereadores, e que foi aprovada, era cobrar 3,50 reais por mês de imóveis residenciais e 11 reais dos comerciais. Estavam isentos cerca de 300 mil imóveis que consumiam menos de 80 kWh por mês. O propósito era, simplesmente, conseguir pagar a conta de luz do município. Quando assumimos, a dívida com a Eletropaulo era de 500 milhões — durante muitos anos, até a privatização, a Eletropaulo só fingia que cobrava e o governo fingia que pagava. Ocorria o mesmo com o abastecimento de água e de gás, mas ninguém ousara cortar o fornecimento para a Prefeitura. A conta da iluminação pública, a luz do poste, sozinha, era 130 milhões de reais. Mas era necessário, além disso, investir em manutenção. Quando foi privatizada, a Eletropaulo já era mal equipada. Dez anos depois, sem nenhum investimento, era um caco e operava no limite do risco. Em março de 2008, o incêndio de duas subestações, que deixou milhares de paulistanos sem luz, deixou ainda mais visível esse esgotamento.

As taxas do lixo e da luz caíram como duas bombas na opinião pública. As razões para elas, legítimas e prementes, ficaram inaudíveis, ante a estridência das reclamações. Para nossa surpresa, a redução do IPTU para a maior parte da população, muito maior do que a despesa que as duas taxas trariam, parecia ter sumido da conta. Uma revolta que a matemática não sustentava ganhou força com a cobertura hostil, que o apelido "Martaxa", criado pela oposição e encenado com pessoas fantasiadas na frente da Câmara, repetido à exaustão pela mídia, tornou popular. Foi um desastre. Além do meu nome se prestar para a brincadeira, o palco estava criado pela campanha contra o IPTU. Naquele momento, convencida da correção e dos benefícios que as taxas produziriam, não me dei conta do que ocorria. Quando percebi, já era tarde. Não adiantava argumentar; o clima estava criado.

Dissipada a exasperação provocada por essas medidas, os paulistanos passariam a pagar, por ano, na administração Kassab, 2.308 reais de impostos, em vez dos 1.240 reais que desembolsaram no último ano de nossa administração. O valor da carga tributária cresceu 86,12%. E, no entanto, quase não se ouviu mais falar em taxas.

Avaliando os acontecimentos daquela época, admito que foi muita novidade em pouco tempo e percebo falhas importantes, que resultaram, em parte, de inexperiência, em parte, da precariedade das informações de que dispúnhamos. Teria feito diferença a nosso favor seguir a recomendação de Maquiavel e a simples sabedoria popular: diante de duas notícias, é melhor dar primeiro a ruim e guardar a boa para o final. Poderíamos ter lançado primeiro as taxas do lixo e da luz, e depois oferecer o alívio da redução do IPTU. Mas fomos pautados pela necessidade real, mais do que pelo raciocínio estratégico, e perdemos essa oportunidade. Tampouco soubemos avaliar o sentimento generalizado da população, depois de uma década de abandono, de que havia impostos demais para benefícios de menos — as taxas foram a gota d'água que fez transbordar o ressentimento. E, finalmente, ao pisar num terreno tão delicado, tínhamos que dispor de muito mais segurança e exatidão do que a máquina pública podia nos oferecer naquele momento.

Houve muitos equívocos, como o da aplicação da taxa de luz em lugares que não dispunham de rede de fornecimento. O raciocínio era que, como a maior parte da cidade pagaria por algo que já possuía, seria razoável cobrar dos maiores beneficiados — quem não dispunha do serviço e ia passar a ter. Afinal, o objetivo da coleta era colocar luz onde faltava. Raciocínio equivocado, pois quem tinha luz não conseguia entender por que pagar uma taxa até então inexistente; e os que entendiam não concordavam com o ato generoso, afinal, já pagavam outros impostos. Quanto aos que não tinham luz, ficavam revoltados de pagar um benefício que ainda não chegara. Vivendo e aprendendo. Tínhamos fornecido munição para um ataque implacável.

CEPACs, nossa grande invenção

Com duas pistas inclinadas em curva, sustentadas por 144 cabos estais presos a uma torre de 150 metros, a ponte estaiada Octavio Frias de Oliveira, inaugurada em maio de 2008, sobre o rio Pinheiros, foi saudada como o novo cartão-postal da cidade e a única obra destinada a melhorar o trânsito, em quatro anos da administração Serra-Kassab. Fazia parte da Operação Urbana Consorciada Água Espraiada, proposta da nossa gestão, e marca a estréia de uma brilhante inovação financeira, os Certificados de Adicional de Construção, CEPACs.

A promulgação do Estatuto das Cidades e a prática das operações urbanas e da outorga onerosa abriram o caminho para que criássemos e utilizássemos esse recurso. Funciona assim: o governo planeja uma operação urbana, para a qual tem idéias e metas, mas não possui os recursos; o empreendedor imobiliário compra um papel do governo, uma espécie de ação que autoriza o aumento do potencial construtivo de uma determinada região ao longo da implantação do projeto. À medida que essa operação avança, valorizam-se os terrenos em volta, que passam a justificar construções acima do coeficiente estabelecido. Para que sejam autorizadas, é preciso possuir os CEPACs. Assim, quanto mais a obra acelera, mais se valorizam os papéis, criando-se um círculo virtuoso.

Os CEPACs resultaram de uma operação integrada da Prefeitura. São um exemplo da capacidade de planejamento e de inovação do nosso governo. A engenharia financeira foi da Secretaria de Finanças, com ajuda do Banco do Brasil, da Caixa Econômica Federal e da Secretaria do Planejamento. Foi necessário convencer o Conselho Monetário Nacional e o Banco Central. O modelo era inédito no Brasil e no mundo.

Em outros países já se fazia uso do potencial construtivo e, em São Paulo, Paulo Maluf realizou operações semelhantes. A grande inovação era o papel de governo virar título mobiliário sem se tornar dívida. A invenção baseou-se na lógica do capitalismo: o risco inerente ao negócio. A atitude clássica do mercado era o poder público fornecer todas as garantias e o setor privado aproveitar delas sem arriscar nada. No caso dos CEPACs, o público não perde nada e o investidor ganha por correr o risco. Eles trouxeram também uma transparência inédita às relações entre o governo e o mercado imobiliário. Antes deles, o preço a ser pago pela construção acima do coeficiente estabelecido dependia, entre outros, de uma avaliação subjetiva do poder público, situação de grande potencial de corrupção.

Por não fazerem parte do orçamento da Prefeitura, esses recursos estavam a salvo da nossa impossibilidade de endividamento. Esse argumento foi fundamental para conseguirmos aprová-lo no Conselho Monetário e no Banco Central. Assim, criamos um instrumento para intervenções urbanas pesadas, usando financiamento privado. "Dinheiro de imposto é muito nobre para se gastar em ponte e avenida que vão beneficiar diretamente quem tem terreno ali do lado", argumentava Luis Carlos Afonso, secretário de Finanças que sucedera João Sayad. Na época que lançamos essa fórmula, ela não despertou maior interesse, a não ser da imprensa especializada. Promovemos vários debates na Bolsa de Valores e fiz um lançamento com a presença do ministro da Fazenda, Antonio Palocci. Mas era ainda uma idéia abstrata para a maioria. Tanto que os fundos de pensão não se arriscavam a comprá-los, por considerarem um investimento temerário. Perderam assim uma ótima oportunidade. Seu rendimento superou o da Selic. Os papéis da Operação Urbana Águas Espraiadas, vendidos a 300 reais, já valiam, em 2008, 1.500 reais.

A Ponte Estaiada é uma das extremidades do corredor da Água Espraiada, que ligaria o Morumbi à Rodovia dos Imigrantes e teria o poder de desafogar consideravelmente o trânsito da cidade. O perfil majestoso, projetado por João

Valente, a importância na dinâmica da cidade e o modo como se viabilizou financeiramente fizeram da ponte a tradução concreta daquilo que buscamos em nossa administração: modernidade com responsabilidade.

Os CEPACs foram utilizados novamente, como recursos complementares, na construção dos túneis sob a Faria Lima, iniciadas com dinheiro gerado por outorga onerosa. Eles demonstraram nossa capacidade de planejar o futuro — como, aliás, se espera dos poderes públicos.

CAPÍTULO 17

A Festa dos 450 anos e o orgulho recuperado

Alguma coisa aconteceu no coração dos 2,5 milhões de paulistanos que compareceram à festa dos 450 anos de São Paulo, em 25 de janeiro de 2004. Cada cidadão que participou nas ruas ou assistiu pela televisão orgulhou-se de fazer parte daquela cidade enorme e experimentou o privilégio de testemunhar uma ocasião histórica e poder, um dia, dizer aos netos: "Eu estava lá." Conseguimos realizar uma comemoração à altura de São Paulo e dos festejos do IV Centenário, até hoje um marco. Haver contribuído para recuperar o orgulho do povo de São Paulo foi muito valioso para mim.

Os 450 anos da cidade não saíam da minha cabeça, desde que fui eleita. As comemorações IV Centenário são, ainda hoje, uma das minhas lembranças mais vivas. Aquela menina encantada com os fogos de artifício e intrigada com a plaquinha comemorativa que milhares de paulistanos, como meus pais, pregaram à porta de suas casas, não poderia imaginar que um dia fosse comandar um evento semelhante. E isso parecia mesmo inalcançável, diante da situação que encontrei ao assumir a Prefeitura. Como poderíamos promover uma festa minimamente comparável à dos 400 anos, que nos havia deixado uma herança da grandeza do Parque do Ibirapuera? Nos primeiros meses de governo, em 2001, além de a Prefeitura não ter um tostão, os paulistanos nunca haviam se sentido tão por baixo. Quase 70% dos habitantes entre 26 e 40 anos afirmavam que gostariam de deixar a cidade. Índices semelhantes se repetiram ao longo de todo o nosso primeiro ano de governo, até que, em 2002, lentamente, começaram a mudar.

A hora de atrair parceiros

O planejamento dos festejos começou em 2002, nos tempos de penúria, numa das reuniões que eu fazia com empresários e formadores de opinião, para discutir as questões da cidade e possíveis parcerias com a iniciativa privada. Percebemos que o aniversário de São Paulo seria uma excelente oportunidade para uma ação conjunta. Havia o claro interesse de todos os envolvidos em oferecer, além de um espetáculo à altura da data, realizações que se convertessem em benefícios duradouros para os paulistanos.

Encarreguei o secretário de Comunicação da Prefeitura, José Américo Ascêncio Dias, o Zé Américo, de organizar uma comissão interna para pensar no assunto. Zé Américo convidou outros secretários: de Cultura, Meio Ambiente, Relações Internacionais, Subprefeituras, Educação, Habitação e Esportes, além do então diretor da Anhembi Turismo, Eduardo Sanovicz, e do Consórcio das Agências de Publicidade que atendiam a Prefeitura, representado por Celso Marcondes. A comissão interna trabalhou de junho a dezembro de 2002, detalhando a organização e as diretrizes para 2003.

Em linhas gerais consideramos que 2004 era um ano marco: além da festa, queríamos que a cidade recebesse melhoramentos de janeiro a dezembro. Mas não queríamos uma programação chapa-branca, em que a Prefeitura fizesse tudo sozinha — até porque, nosso maior problema continuava a ser a falta de dinheiro para investir. E não seria correto considerar investimentos públicos, previstos em orçamento, como "presentes" para São Paulo. Percebi que o aniversário da maior cidade da América do Sul era uma grande oportunidade para conquistar parceiros. Precisávamos criar projetos atraentes para os investidores e, para que as idéias funcionassem, elas teriam que nascer de um amplo diálogo com a sociedade. Convidamos para isso o maior número possível de organizações.

Todos por Sampa

O Comitê Municipal dos 450 anos resultou num fórum amplo, que abrigava Prefeitura e Câmara Municipal, os poderes estadual e federal e nada menos que 171 entidades, de todos os tipos. Só não podiam aderir partidos políticos, pessoas físicas e empresas, sobretudo as de comunicação, para que não tropeçássemos em disputas políticas e individuais, nem na competição por notícias. O leque dos integrantes ia da CUT à Federação Paulista de Futebol, da Liga das Escolas de Samba à Fiesp, passando por movimentos de negros, de mulheres e de gays, por associações como Viva o Centro e Paulista Viva e por organizadores de eventos como a Fórmula 1 e a Parada Gay.

Encarreguei a Anhembi Turismo de fazer a venda das "ações" dos 450 anos. A empresa passou a ser dirigida, em 2003, pelo publicitário Celso Marcondes, que participara desde o começo da equipe que pensava os festejos. Surgiu uma química superprodutiva entre o pessoal do Anhembi e os integrantes do Comitê — eles trabalhavam entusiasmadíssimos.

Uma comissão executiva tocava as deliberações das assembléias e uma comissão do patrocínio mapeava os potenciais patrocinadores. Convidamos todos os eventos tradicionais do calendário de São Paulo a aderir às comemorações — Réveillon, Carnaval, São Paulo Fashion Week, Parada Gay, Mostra Internacional de Cinema, GP Brasil de Fórmula 1, feiras de negócios, Bienal de Artes, Campeonato Paulista de Futebol, 1º de Maio, festas juninas e festas religiosas. A Liga das Escolas de Samba se entusiasmou tanto com a idéia que propôs um enredo comum: todas as escolas desfilariam temas da história de São Paulo. Fiquei um pouco apreensiva. Temia que ficasse cansativa a repetição do mesmo tema, mas a empolgação era tanta que não tive coragem de desapontá-los. Resultado: foi o Carnaval mais televisionado que já houve na cidade.

Caldeirão de idéias

Para criar a logomarca dos 450 anos, promovemos em 2003 um concurso público coordenado pela Associação dos Designers Gráficos. São Paulo se tornou, mais do que nunca, um caldeirão de idéias e de agito. O Comitê divulgou o *slogan* "Declare seu Amor à Cidade", e uma banca composta de cartunistas e designers escolheu o desenho vencedor. O prêmio foi entregue por Ziraldo à dupla vitoriosa. O concurso deu visibilidade ao Comitê e reforçou a expectativa de que 2004 seria um ano surpreendente. A partir daí, começamos a ser procurados por empresas interessadas em se juntar a nós, aproveitando a boa onda. Multiplicaram-se as articulações entre empresas e os contatos com veículos de informações e promotores de evento.

Sugeri ao grupo Pão de Açúcar construir uma fonte luminosa com música, no lago do Ibirapuera. Eles já patrocinavam os shows musicais dos domingos no parque, e se entusiasmaram. Enviaram técnicos a várias cidades do mundo para estudar os melhores projetos e formas. Eu estava feliz com a nova atração, que fora um sugestão de Lula. Passando em frente ao lago, um dia, ele me perguntou por que eu não fazia uma fonte luminosa como aquelas que ele vira muitas vezes na Europa. Anotei a idéia, mas ainda não tinha encontrado uma oportunidade para executá-la. O custo foi alto e o Pão de Açúcar se comprometeu — e cumpriu — a mantê-la por cinco anos. Ainda procurávamos, contudo, um legado que ficasse por gerações como lembrança do 450º aniversário de São Paulo.

A guerra ao auditório

Ao pesquisar nos documentos do IV Centenário, notamos que ainda faltava o auditório do Ibirapuera, previsto no projeto original de Oscar Niemeyer. Construí-lo custaria 10 ou 12 milhões de reais, e, claro, não tínhamos esse dinheiro. Nessa ocasião, conheci o presidente da TIM, Giorgio della Setta. Eu tinha acabado de ver na televisão uma linda campanha da empresa. Elogiei-a e comentei com ele que se apresentava naquele momento uma ocasião única para a TIM contribuir para a cidade. Argumentei que propaganda é uma coisa importante e cara, mas tem sobrevida limitada; e um auditório, sobretudo com a assinatura de Niemeyer, ficaria para sempre. Giorgio entendeu de imediato a oportunidade e entusiasmou-se com a idéia, e Niemeyer ficou encantado com a possibilidade de, cinqüenta anos depois, finalmente concluir sua obra.

Comemorei o presente que a cidade ganharia, sem desconfiar que estava entrando num verdadeiro pesadelo. Pelos próximos dois anos, teria de enfrentar uma guerra sem trégua que moveriam contra a Prefeitura desembargadores, ONGs, ambientalistas, associações de moradores... Ante tamanha fúria, a TIM inicialmente recuou. Temia o embargo da obra. E se o presidente da empresa não tivesse se tornado um grande amigo, não existiria hoje o auditório, porque a construção foi um inferno e custou 25 milhões, o dobro do previsto.

Virou questão de honra para mim a construção desse presente para a cidade — assim como se tornou obrigatório para a oposição impedir a inauguração, senão para sempre, pelo menos até a eleição. Não se passava um dia sem alguma crítica nos jornais. Criavam falsos debates, e as rádios repercutiam de forma negativa, de tal forma que parecia que estávamos acabando com o parque e com a obra de Niemeyer, e não finalizando um projeto inacabado havia cinqüenta anos, como celebrava o arquiteto.

Os secretários do Meio Ambiente e de Cultura, Adriano Diogo e Celso Frateschi, enfrentavam discussões intermináveis para defender o auditório e sua futura gestão. Os opositores alegavam que iríamos reduzir a área verde do parque. Argumentávamos que, pelo contrário, iríamos ampliá-la: seriam retirados 85 mil metros quadrados de asfalto do parque, enquanto a nova construção ia impermeabilizar menos de 5 mil metros quadrados (4.870). O Ministério Público alegava que a Prefeitura não fazia mais que obrigação ao retirar o asfalto, já que isso fora determinado em 1992 — determinação que, por sinal, fora esquecida por toda aquela gente tão zelosa durante mais de uma década. O fato de que o tombamento do Ibirapuera se deva a seu patrimônio arquitetônico, e não ao ambiental, tampouco interessava. Afinal, a campanha não visava a obra, mas a prefeita. E a oportunidade de ganhar um auditório projetado pelo mais famoso arquiteto brasileiro não produzia a menor faísca de entusiasmo.

Sucessivas interrupções da obra impediram a inauguração no dia 25 de janeiro. O auditório só foi concluído em novembro de 2004, mas obscuros problemas técnicos impediam seguidamente a inauguração. Quando, em dezembro de 2004, já derrotada nas eleições, pude enfim inaugurá-lo, notei que a placa comemorativa fora colocada num totem de acrílico, que corria o risco de ir parar num depósito tão logo eu virasse as costas. Indignada, apelei novamente para meu amigo Giorgio della Setta e, uma semana depois, quando voltei lá com meu marido, a placa estava devidamente colocada na parede do saguão. Apesar de tudo já estar funcionando, de uma programação de aulas estar em andamento e até os quadros estarem pendurados nas paredes, persistia um problema inexplicável no som (de primeiríssima) que nos impedia de realizar o primeiro concerto.

Para minha incredulidade, o auditório permaneceu fechado por todo o ano de 2005 e, um belo dia, fui convidada para uma cerimônia em que, diante dos meus olhos, ele foi inaugurado pelo prefeito José Serra!

Festa na rua

No dia 25 de janeiro de 2004, o tão esperado aniversário da cidade, uma pesquisa nos ofertava um verdadeiro presente: nada menos que 83% dos entrevistados afirmavam ter mais orgulho do que vergonha de residir na metrópole. A reconstrução da auto-estima de São Paulo tinha a ver com uma série de transformações, algumas práticas, na qualidade de vida, outras simbólicas, mas não menos fundamentais, como a possibilidade de respeitar o poder público e de acreditar no futuro. A cidade vivia um clima de alto astral e 2004 se anunciava um grande ano. Tínhamos boas razões para acreditar que, nas eleições de outubro, íamos conquistar mais quatro anos de mandato, que nos permitiriam colher o que plantáramos.

As dificuldades angustiantes dos primeiros dois anos, marcados pela falta de recursos, pelo desmantelamento da máquina e pelas urgências da cidade foram superadas. A implantação do rigor e da racionalidade na administração, mais a corrida obstinada a todas as fontes possíveis de recursos tinham resultado em novo fôlego financeiro. A reação negativa gerada pelo lançamento de medidas necessárias, mas mal explicadas à população — as famosas taxas de luz e de lixo —, pareciam finalmente absorvidas. Os programas distributivos de renda, associados aos de capacitação profissional e de estímulo ao emprego, mais CEUs, alimentação nas escolas e tudo o que pensáramos como forma de combate à exclusão social estavam produzindo respostas nítidas, sobretudo nas regiões mais necessitadas de socorro. Ainda iríamos entregar mais quatro CEUs, além dos 17 do ano anterior, corredores de ônibus, túneis sob a Faria Lima e o Mercado Municipal todo renovado, entre outras melhorias para a cidade.

A festa de rua foi a abertura de uma programação que durou o ano inteiro. Aconteceu na Avenida 23 de Maio, entre o Ibirapuera e a Praça da Bandeira, e culminou com um grande show no Vale do Anhangabaú, com músicos que são a própria voz da cidade, como Rita Lee, Os Demônios da Garoa e Paulo Vanzolini.

Quem olhasse do alto dos viadutos Liberdade, Tutóia e a qualquer hora do dia, guardaria para sempre a cena histórica da multidão fervilhando no espaço que em dias comuns pertence aos carros. No lugar do ronco dos motores e do zumbir das motocicletas, música irradiada de carros de som: trilhas sonoras de paulistanos do Nordeste, do interior, da noite techno, de antepassados de Portugal, de Angola, da Itália, do Japão...

A São Paulo dos mil povos

Na outra pista da avenida, uma sucessão de diferentes atrações. Vinte e oito boxes de alimentação representaram a diversidade culinária de São Paulo. Tinha comida do mundo inteiro, para todos os gostos. Num setor batizado de Bela Gente Paulistana, pessoas que jamais haviam pisado num salão ganharam os cortes arrojados da rede de cabeleireiros Soho, maquiagem e tatuagem de henna. Canto, dança, interpretação, mágica, mímica, malabares e estátuas vivas compunham o setor São Paulo ao Vivo. O Território Zen propiciava sessões de yoga, alongamento, massagem, dança moderna e do ventre. As pessoas ficavam fascinadas e queriam experimentar um pouquinho de cada atração. Num canto divertidíssimo, o visitante podia posar para uma foto e virar parte da galeria de retratos de anônimos paulistanos montada ali. As pessoas amavam aquele "pertencer" à cidade. Num espaço chamado Boca Livre, podia-se telefonar de graça para qualquer lugar do Brasil, enquanto em outro, chamado Chuva de Conhecimento, pedacinhos de papel derramavam-se sobre os visitantes, com trechos de poesia, prosa e curiosidades sobre São Paulo. Traço Radical era o lugar do grafite, dos esportes radicais, das rampas de skate. Havia entretenimento para todas as tribos paulistanas. Ao olhar aquilo eu pensava que a riqueza de São Paulo é exatamente essa diversidade. Que sorte que tive de nascer aqui! Compreensão semelhante me foi transmitida por uma amiga carioca.

Ao chegar à Avenida 23 de Maio pelo porão do Centro Cultural São Paulo, esta amiga, que vivia em São Paulo havia 30 anos, me relatou sua emoção ao se ver diante do público, uma multidão de homens, mulheres, velhos e crianças de colo, de brancos, negros, pardos e orientais, batendo palmas, animadíssimos, ao ritmo de uma tarantela. Na calçada atrás do palco, nervosas, as moças de um grupo folclórico ucraniano, com fantasias de longas fitas coloridas, preparavam-se para entrar em cena com suas balalaikas. "Compreendi finalmente o que é ser paulista", contou-me espantada.

Os bailes

Para os dias 24 e 25 de janeiro havíamos organizado, no lindo pátio do Palácio das Indústrias, do qual a Prefeitura estava se mudando, dois bailes principais, além das centenas que ocorreriam na cidade. Um, para autoridades e convidados, e outro, para os funcionários da Prefeitura.

Desde o começo eu tinha vontade de fazer um grande baile, com vestido longo, bolo e tudo. Convidei o presidente e o governador do estado. Lula estava no exterior, o que o impediu também de inaugurar a sede nova da Prefeitura, que foi prestigiada pelo presidente em exercício, José Alencar, sua esposa, dona Mariza e o ministro da Fazenda, Antonio Palocci. Alckmin e dona Lu compareceram ao baile, assim como convidados de todas as classes sociais, artistas e partidos políticos. Foi uma festa linda, da qual cuidei pessoalmente, como se fosse acontecer na minha própria casa, com a ajuda de dona Elmira Nogueira Batista, chefe do nosso cerimonial. Os convidados dançaram até altas horas, ao som de Cauby Peixoto e Paula Lima, os cantores escolhidos para se apresentar na festa.

Eu queria que o baile dos funcionários tivesse a mesma beleza e determinei que o traje obrigatório seria terno e vestido comprido. Quando contei isso à secretária da Administração, Mônica Valente, ela achou meio insensato. Ponderou que nem todos os funcionários poderiam ir. Mas sei que as pessoas gostam de se arrumar e apreciam uma chance de se mostrar bem vestidas. Mesmo nos lugares mais pobres que já visitei, o único estabelecimento comercial que nunca falta, além da venda, é o cabeleireiro. Resolvi investigar entre as secretárias, as serventes e as faxineiras: ninguém tinha longo de festa, mas as mulheres se empolgaram e, nas semanas seguintes, só se falava nisso na Prefeitura. Dias antes do baile fiz a última enquete, e descobri que o problema dos vestidos estava resolvido. Todas as funcionárias tinham conseguido uma roupa — nova, emprestada ou alugada. Restava o desafio de pegar o ônibus com aqueles trajes lindos. E conseguir voltar para casa a altas horas, quando ônibus e o Metrô não circulavam. Conseguimos ônibus especiais, que buscaram os convivas em diferentes pontos da cidade — lembrei de pedir que os veículos fossem impecavelmente limpos. Na véspera da festa, encontrei uma funcionária tristíssima porque o marido não tinha terno para acompanhá-la. Diante disso, suspendi a exigência da gravata.

A festa dos funcionários foi tão animada quanto a outra, e eles se sentiram superprestigiados. Brincavam comigo: "Precisou a cidade fazer 450 anos para os funcionários da Prefeitura terem uma festa de luxo."

Fui dormir exausta aquela noite. Tinha sambado horas, no alto de um trio elétrico animado por Daniela Mercury, com muitos convidados, entre os quais o então ministro José Dirceu, que representou o governo federal. Participara das atividades de rua, dos shows do início da noite e das duas festas. Fiquei muito feliz por tudo ter dado certo, com enorme orgulho de ser paulistana e prefeita de São Paulo.

CAPÍTULO 18

Na reta final, nervos à flor da pele

Em 2004, nosso último ano no governo, quase toda a população de São Paulo fora afetada por alguma iniciativa da Prefeitura: Subprefeituras, CEUs, municipalização da saúde, corredores de ônibus, bilhete único, mudança de impostos, informatização dos serviços... Por um lado, isso dava a medida do nosso fôlego e a capacidade de realizar. Por outro, numa cidade tão complexa, de ritmo tão frenético como São Paulo, despertava animosidades que, para o político candidato a reeleição, podem ser desgastante.

Elói Pietá, prefeito de Guarulhos, comentara uma vez comigo: "Marta, eu não acho boa idéia fazer todas essas reformas ao mesmo tempo." Na hora não achei que ele tivesse razão — eu tinha a cidade inteira para consertar e ia consertar tudo. Mas o fato é que ele conseguiu se reeleger, e eu não. Ainda assim, não me arrependo. Jamais me perdoaria desperdiçar a oportunidade de oferecer alguma melhora à vida da cidade.

O último ano é corrido em qualquer governo, e o primeiro é, geralmente, empregado no planejamento. No nosso caso, precisamos, antes de mais nada, equacionar problemas desafiadores, relativos à dívida da cidade, à depressão econômica brutal que sufocava o país e, principalmente, São Paulo, e ao sucateamento da Prefeitura. Apesar de tudo, conseguimos, ainda em 2001, implantar nossos primeiros projetos — o Renda Mínima é de abril daquele ano, e a inauguração, em 2003, de 17 dos 21 CEUs que entreguei, demonstra que, nas áreas em que dispúnhamos de meios, cumpríamos sem dificuldade os cronogramas. Acontece, porém, que, durante os dois anos de gestão que coincidiram com o governo FHC, São Paulo ficou a pão e água. Recursos importantes, como o dinheiro da construção dos corredores, que já tinham sido aprovados pelo BNDS na gestão Pitta, só começaram a ser liberados quando Lula assumiu, em 2003. E tudo tinha que ficar pronto até o fim do governo. Então, 2004 foi um ano nervoso.

Depois de algum tempo no governo, percebi que certos projetos não andam se não tiverem alguém em cima, cobrando durante 24 horas por dia. Emperram com o secretário ou com a burocracia, ou, simplesmente, com a dificuldade geral de perceber quanto um governo passa rápido. Encarreguei integrantes da minha assessoria especial de acompanhar alguns projetos mais complicados e, em 2004, mais do que nunca, essa ajuda foi indispensável. Os túneis, por exemplo, eram atribuição de Valdemir Garreta, que zelava também pela reforma do Mercado Municipal e pela extensão da Radial Leste. O tempo era curto para concluir obras em todas aquelas frentes.

Depois de inaugurar em dezembro de 2003 o primeiro Passa-Rápido, o corredor exclusivo para ônibus, ligando Pirituba à Lapa e à Avenida São João, tínhamos o compromisso de entregar outros sete, até setembro. Destinados a aumentar a velocidade dos ônibus, os corredores eram importantes também para que o bilhete único rendesse todo o seu benefício. O trânsito fluente permitiria ao passageiro fazer mais viagens nas duas horas de validade do bilhete. A extensão da Radial Leste e a Avenida Jacu Pêssego, que dependiam de recursos federais, só puderam ser iniciadas em 2003, e também deveriam ser inauguradas no último ano.

Na Saúde, os 35 milhões de reais que a gestão plena do SUS acrescentou ao repasse federal começaram a entrar em agosto de 2003, quando concluímos a retomada da rede pública. Essa injeção de recursos nos permitiu tomar providências fundamentais para a melhoria dos serviços. Uma delas, a informatização da rede municipal de saúde, foi concluída em setembro de 2004.

O dinheiro do BID para os projetos do Centro foi liberado em junho de 2004, depois de alguns senadores empatarem a aprovação, com argumentos absurdos que não disfarçavam a vontade de atrasar as obras da gestão petista na maior capital do país. Se obras da importância do Parque do Gato e da reforma do Mercado Municipal foram realizadas é porque, desconfiando que a aprovação do financiamento demoraria muito, liberei antecipadamente a contrapartida da Prefeitura, correspondente a 60% do valor do empréstimo. Assim garanti que elas fossem concluídas. Deixamos prontos e licitados muitos outros projetos previstos no contrato com o Banco, entre eles a reforma do Edifício São Vito, a criação do Museu da Cidade, as torres de restaurantes do Mercado (mal sabíamos, àquela altura, que seriam todos abortados).

Meus opositores insistiram na tese de que prazo apertado era falta de planejamento e acusavam as obras de "eleitoreiras". A premência na conclusão de obras era apontada como a medida exclusiva do nosso desejo de ganhar as eleições, e não da extensão da nossa pauta, empacada a cada minuto por ações de adversários. Os prazos eram curtos, mas não impossíveis. Pelo menos até começarem as campanhas de ONGs e associações de moradores pela interrupção das obras — dos túneis, dos corredores, do auditório do Ibirapuera.

A fuzilaria mais pesada recaiu sobre os dois túneis sob a Faria Lima

Tínhamos acumulado cerca de 130 milhões de recursos da outorga onerosa da Operação Faria Lima; já era possível dar início a uma obra. A Lei determina que os recursos gerados por uma operação urbana só podem ser usados naquela região. Consideramos algumas possibilidades, entre elas o investimento numa estação de metrô no Largo da Batata, mas as negociações com o governador Alckmin não prosperaram. Decidimos, então, em favor dos túneis. Os estudos para sua construção foram realizados por técnicos da CET, que foram claros: os túneis não resolveriam todos os problemas do trânsito da região, mas deixariam mais veloz o fluxo dos carros e, principalmente, o dos ônibus, nos corredores, pelo menos até que a Linha 4 do metrô começasse a funcionar, em 2006. Mas até 2008, como se sabe, a linha do metrô, adiada por graves acidentes, continuava inacabada.

O prazo para ficarem prontos seria de 15 meses. Se algum imprevisto impedisse a conclusão antes das eleições, o prejuízo seria incomensurável. As opções eram: fazer as obras, gerar emprego e melhorar o trânsito naquela região congestionada — e correr o risco —, ou deixar o dinheiro no mercado financeiro. Optei por fazer. Imaginei que os moradores da região poderiam viver alguns meses de desconforto com as mudanças no trânsito, mas não previ que essa insatisfação seria canalizada politicamente para obstruir o andamento da obra.

Uma ONG denominada Rebouças Viva dedicou-se incansavelmente à causa de impedir a construção dos túneis e o corredor da Rebouças. Representava um número pouco expressivo de cidadãos — nas pesquisas de opinião que encomendamos no decorrer da obra, a parcela a favor das obras era maior do que dos contra — mas suas ações tinham grande impacto sobre o Ministério Público e sobre a mídia, que se deleitava em cobrir suas declarações. Repentinamente solidários com a pobreza da periferia, meus opositores exigiam: "Por que é que ela não vai gastar nos bairros pobres?" Como eles estavam cansados de saber, aquele dinheiro só poderia ser investido ali, e nossas explicações caíam no vazio. As obras eram seguidamente interrompidas por ações jurídicas e atraíam cobertura ruidosa e negativa.

Consegui entregar os dois túneis, mas despertei um ódio enorme nas pessoas cujo cotidiano foi afetado, e agradecimento, nenhum. A eleição foi vinte dias depois da abertura dos túneis; não houve tempo de deixar para trás os incômodos da obra. E ninguém estava interessado em saber que, para uma cidade que tem no trânsito um problema monumental, dois túneis novos era mais interessante do que dinheiro aplicado no mercado financeiro.

Como aconteceu com tantos representantes da "opinião púbica" que me criticaram, Fernanda Bandeira de Mello, a diretora da ONG Rebouças Viva, foi trabalhar com Eduardo Jorge na Secretaria do Verde. Regina Monteiro, do Defenda São Paulo, também muito atuante, foi presidir a Emurb. Passados tantos anos, não se ouviu notícia de outros combates tão aguerridos dessas entidades.

A tese das "obras eleitoreiras" foi irradiada com grande entusiasmo. Àquela altura a repercussão negativa já se tornara previsível. Quando me elegi tive muito apoio da imprensa porque o inimigo comum, Paulo Maluf, simbolizava a corrupção, a malversação de fundos, o contrário das pessoas de bem. Por menos que eles se entusiasmassem, uma candidatura petista ainda era melhor do que ele. Chamavam-me de PT pink, PT light, PT Chanel, esse tipo de coisa meio desqualificante, para antepor a Lula. Durante os primeiros meses, a idéia deles era me destacar do PT barbudo, radical. Isso se manteve por mais alguns meses, até se revelar que estávamos fazendo um governo muito mais de esquerda do que eles imaginavam. E o apoio foi retirado.

Ficou claro que eu não seria uma frente que poderiam utilizar contra Lula, e, à medida que a campanha presidencial se impunha, eles percebiam que eu seria um forte apoio para ele na cidade de São Paulo. E fui. Foi a primeira e única vez que o PT ganhou uma eleição presidencial na capital paulista. Foi importante estar na Prefeitura naquele momento e ter uma força extraordinária para ajudar na campanha, graças a várias ações emblemáticas como os uniformes e o Renda Mínima. Como São Paulo é uma metrópole dessas dimensões, dava para mostrar o tipo de gestão de que o PT era capaz.

A busca da má notícia

A imprensa me acompanhava desde o momento em que eu cruzava a porta de casa, e, pelo menos uma vez, quando convalescia de uma operação, uma equipe jornalística armada de teleobjetivas tentou me fotografar dentro do meu quarto. No terceiro ou quarto dia depois da operação, os jornais já perguntavam o que estaria a prefeita fazendo que não voltava ao trabalho. Era insano. Voltei à Prefeitura antes do prazo recomendável, sentindo dor e andando encurvada. Hoje não faria isso. Quando me separei, um jornal colocou durante vários meses uma repórter e um fotógrafo de plantão à porta de minha casa, várias noites, na esperança de flagrar algum homem entrando ou saindo em horas tardias. Outra publicação enviou um repórter a Buenos Aires, para seguir durante três dias os passos de Luis, então meu futuro marido.

Andavam atrás de mim o dia inteiro, onde quer que eu fosse, mas não era para cobrir nada que eu fizesse; traziam pautas prontas. Lembro da inauguração de uma creche num lugar paupérrimo. A comunidade estava radiante porque era uma reivindicação antiga, e eu porque, finalmente, aquelas famílias poderiam dar uma oportunidade aos filhos. Nenhum repórter manifestou a menor curiosidade pelo que significava aquilo para cada família, ou, sequer, quantas crianças estavam sendo beneficiadas. O único assunto, naquele dia, eram as escolas de lata, herança de Pitta. Travávamos um combate com o Ministério Público, que não autorizava a substituição por alvenaria, uma vez que as escolas situavam-se em áreas de proteção ambiental. A permissão para as novas construções só saiu em 2003, depois de demoradas tratativas. Recusei terminantemente a solução que o Ministério Público recomendava: submeter as crianças das escolas de lata a viagens de mais de uma hora em vans, até outras unidades escolares. A imprensa tampouco tinha interesse em falar das novas escolas que estavam sendo inauguradas, quase uma por semana. Alegra-me saber que nossa gestão construiu, em quatro anos, mais escolas que Maluf e Pitta somados.

A imprensa não existe para elogiar, mas para informar

Episódios assim se repetiam dia após dia. Nada de bom que se fizesse era considerado interessante. Uma vez, uma reportagem da Rede TV! me acusou de inaugurar CEUs caríssimos enquanto outras escolas municipais desmoronavam. Meu secretário de Comunicação, José Américo, foi convidado a participar de um debate ao vivo. No caminho para o estúdio, que fica perto da Rodovia Castello Branco, o pessoal da nossa assessoria de imprensa o alcançou no celular — tinham verificado que a escola miserável que estava sendo mostrada naquele momento era do estado. O secretário teve o sangue-frio de entrar no estúdio, deixar o apresentador Marcelo Rezende vociferar bastante e, só então, contar que não tínhamos nada a ver com aquilo. Rezende ficou desconcertado e Zé Américo exigiu que ele pedisse desculpas no ar.

Quando vi os CEUs que estavam sendo entregues à população em junho de 2008 — só com salas de aula funcionando —, pensava na repercussão que isso teria se fosse feito por mim.

Palmeiras argentinas

Ficou famosa uma manchete da *Folha de S.Paulo* que me acusava de ter comprado palmeiras superfaturadas para a Avenida Faria Lima. Depois o jornal foi obrigado a desmentir porque, como se verificou, as árvores já crescidas que plantamos, e que enfeitaram imediatamente o lugar, custam obrigatoriamente mais caro do que mudas recentes. Mas, até conseguirmos mostrar a razão da diferença de preços, as rádios martelaram dias o "escândalo das palmeiras". Para se ter idéia da repercussão, um amigo ouviu de um motorista de táxi que meu marido tinha uma fazenda de palmeiras na Argentina, e as palmeiras tinham sido compradas da fazenda dele!

Não foi à toa que, meses depois, as palmeiras viraram o centro de uma acalorada discussão com uma dentista, durante uma inundação no Pirajuçara, Zona Oeste paulista. Eu costumava comparecer a lugares que tivessem sofrido alguma tragédia pública, como inundação ou incêndio. Não era nada fácil, porque as pessoas estavam compreensivelmente desesperadas e com raiva. Acredito que a presença da autoridade máxima da cidade mostra solidariedade no sofrimento e torna as providências mais rápidas. Ao mesmo tempo, obriga a autoridade a compartilhar, pelo menos por algumas horas, aquela circunstância e a dor dos cidadãos atingidos.

No local da inundação, verifiquei os danos, ouvi queixas, abracei e consolei pessoas, enquanto pensava em soluções imediatas para as perdas materiais pesadas. Uma senhora me convidou a entrar em sua casa para conhecer seu *modus vivendi* — quando havia enchente ela alçava as camas e alguns móveis. Daquela vez, no entanto, tinha perdido tudo. Como prefeita, senti vergonha de ver uma família ter de passar por aquilo. Ela era gentil e sofrida e compartilhei de sua aflição. Olhávamos desoladas a marca das águas na parede, quando entrou, aos berros, uma mulher que me insultava. A dona da casa tentou inutilmente acalmá-la. A recém-chegada, uma dentista, me acusava de não fazer nada pela cidade ou pelos pobres, e de ter, como única preocupação, "plantar palmeira na Faria Lima". Depois de ouvir durante horas tantas reclamações procedentes sem retrucar, pois era evidente que o serviço público faltava àquelas pessoas, eu não tinha reserva de paciência para escutar insultos, sobretudo aqueles, mentirosos. Devia ter ficado quieta, mas resolvi argumentar e engatei um bate-boca ridículo.

Uma equipe de televisão cobria a tragédia. Na edição da reportagem, omitiram a cena em que a dona de casa me defendia das agressões e exibiram exaustivamente o tumulto. O episódio alimentou a imagem da mulher arrogante que tanto alardeavam — foi tudo tão absurdo e explorado que não adiantava ponderar que poucos prefeitos têm coragem de se expor em situações como aquela. De todo esse desgaste, extraí uma lição: aprendi que a autoridade pública NUNCA deve reagir à agressão. Não tem como ganhar. No caso da dentista, ela tinha razão no mérito — pagava IPTU, como dona de um pequeno prédio, e ele havia sido inundado. A maneira de protestar e as acusações infundadas é que estavam erradas. Mas nenhuma argumentação a teria feito, em sua fúria, conversar com moderação.

No dia seguinte consegui que a Bolsa de Mercados e Futuros, com a ajuda de seu presidente, repusesse as perdas com geladeiras, camas e fogões. Tratei, além disso, de liberar as vítimas da enchente do pagamento do IPTU. Em quatro anos, fizemos nove piscinões, dois deles em parceria com o governo do estado. Meus antecessores, Maluf e Pitta, juntos, em oito anos, fizeram sete. Entretanto, a solução completa do problema exigia um investimento de 3,8 bilhões. Incluía a construção de 19 piscinões, três diques, intervenções na recuperação de 42 quilômetros do sistema viário e canalização de 23 córregos da cidade. Fazia parte do radical plano Drenus, Programa de Drenagem Urbana e Resgate Social, elaborado pelo secretário de Infra-estrutura Urbana, Roberto Bortolotto, que apresentamos ao Banco Interamericano de Desenvolvimento e ao Banco Mundial, e constava do meu programa de governo para a segunda gestão.

Uma viagem a Milão, depois de ter perdido as eleições, foi tratada como crime. Por uma dessas circunstâncias irônicas da vida, me entendia bem, pessoalmente, com Albertini, prefeito de Milão, um político de direita, ligado a Berlusconi. Graças a esse bom entendimento e à simpatia pessoal que se desenvolveu entre nós, ele recuperou a Praça Cidade de Milão, perto do Ibirapuera, e doou o projeto de restauração da fachada do Teatro Municipal, assinado pela mesma arquiteta que estava recuperando o teatro Scala de Milão (em junho de 2008, li no jornal que seria iniciada a reforma). No começo de 2004, Albertini havia me convidado para a reinauguração do Scala, e aceitei. Depois da eleição, já tinha até esquecido do convite, quando chegou o pedido de confirmação. A notícia de que eu iria motivou uma chuva de ataques e, no primeiro momento, declinei.

Milão deu retorno: era o único convite feito a alguém da América Latina, São Paulo era a cidade mais importante e parceira, estavam desolados. Eu tinha muita vontade de ir e o vice, Hélio Bicudo, já me substituíra impecavelmente, várias vezes. Aliás, diziam que eu viajava muito — pouco importava se isso ajudou a criar parcerias para São Paulo e fazer sua promoção. Dezembro é um mês de festas, mas sempre existe o risco de chover demais. Entretanto a minha presença não poderia impedir as chuvas e providências seriam tomadas, se necessário. Decidi aceitar. Como prefeito não tem férias, pedi uma licença não-remunerada, paguei a passagem com meu dinheiro e fui. Achei que o problema estava bem equacionado. Esqueci da mídia.

A viagem se transformou num pesadelo. Choveu, houve enchente em São Paulo e o mundo desabou nas minhas costas. Embora eu tivesse uma agenda de assuntos de interesse da cidade, como o contrato que resultou na restauração da fachada do Municipal e intercâmbios na área da cultura, as manchetes eram do tipo: "Enquanto prefeita passeia e vai à ópera, cidade mergulha no caos." O que restava do prazer da viagem acabou. Como se não bastasse, a ópera que reinaugurou o Scala, a mesma de sua inauguração, era muito chata. Gostei foi de ver a Sophia Loren na saída, linda e igual àquela que eu guardava na memória.

A água que desceu pela Avenida Rebouças encheu o túnel sob a Faria Lima. A inundação, verificamos, tinha a ver com um problema simples, que foi imediatamente resolvido, a obstrução dos bueiros por detritos dos serviços de aterramento dos fios da avenida. Uma vez desobstruídos, o túnel nunca mais encheu. Fizemos uma vistoria completa em toda a obra e detectamos um problema — que nada tinha a ver com o alagamento — na tubulação externa. Suspendemos o pagamento, providenciamos o conserto e avisamos ao futuro secretário de Obras do diagnóstico e das providências. Quando a reforma ficou pronta, após a minha saída, foi apontada como a solução da enchente, num clima de "estava tudo errado e tivemos que consertar".

A vida continua: meses depois eu li, bem pequenininho no jornal, a notícia de uma viagem do prefeito Serra ao exterior durante as enchentes. Nenhum comentário e nenhum jornalista indo atrás fazer plantão na porta do hotel.

EPÍLOGO

Nada como um dia depois do outro

Assim como os dias iniciais do governo se apagaram da minha memória, também não me recordo do sentimento que experimentei nos primeiros momentos depois da derrota eleitoral. Como psicanalista, sei que o inconsciente muitas vezes nega a dor, bloqueando o que faz sofrer — esse mecanismo, provavelmente, ajudou-me a sobreviver inteira.

Em 2008, ao me preparar para uma nova campanha, esforcei-me para recordar os últimos dias de governo. Lembrei da visita do Serra à Prefeitura, e eu mostrando com muito orgulho as instalações, enquanto pensava na minha primeira visita ao Palácio das Indústrias, quando assumi. Lembro que ele me perguntou onde era o quarto do prefeito, e expliquei que prefeito, ao contrário de governador, não tem residência no lugar de trabalho.

— Marta, você faz esta reforma toda e não faz um quarto? — admirou-se ele.

— Quarto para quê, Serra? — indaguei.

— Para descansar. Eu trabalho até tarde e, às vezes, necessito dormir no escritório.

Respondi, rindo, que ele podia colocar uma cama no banheiro do conde. Brincávamos que a peça mais linda da nova Prefeitura era o banheiro, original do prédio, de uso particular do conde Matarazzo: grande e muito bem decorado pelo arquiteto Isay Weinfeld, responsável pela reforma. Acomodaria facilmente uma cama. Soube que ele acabou transformando em quarto o escritório do chefe de gabinete. Não sei se Kassab manteve — e não tem importância.

Cada prefeito adapta a sede do governo às suas circunstâncias. Torço para que sejam mantidas a linha e estilo escolhidos originalmente.

Num dos últimos almoços que tivemos na Prefeitura, do qual o secretário de Governo Rui Falcão participou, achamos graça quando Serra perguntou quantas Medidas Provisórias fazíamos por semana. Ficou surpresíssimo quando Rui explicou que Prefeitura não tem esse instrumento.

— Como vocês governam, então? — perguntou Serra.

A próxima lembrança, depois disso, já é o discurso de despedida, em que desejei a meu sucessor o dobro de meus acertos e a metade de meus erros.

> ...Durante estes quatro anos de meu mandato me esforcei em restaurar a ação municipal para focá-la no enfrentamento do que considero o principal desafio para nossa cidade, nosso estado e o Brasil como um todo: reduzir a desigualdade social para dar plena cidadania a todos os habitantes de nosso território nacional.
>
> ...Desejo reafirmar aqui minha disposição para contribuir em tudo o que for necessário para que o novo governo municipal possa dar continuidade ao esforço por uma cidade melhor. Os interesses de São Paulo e em particular dos mais pobres de nossos cidadãos estão acima de qualquer interesse partidário ou de pessoas.

Enquanto a solenidade transcorria, eu pensava: ele vai ficar alguns meses e o vice, que ninguém conhece, vai ser prefeito desta cidade. E naquela hora, disso eu me lembro bem, meu sentimento foi de profunda tristeza. Que injustiça! Será que todos haviam esquecido o que era a cidade quando assumimos? O que eu podia ter feito de tão errado para perder a eleição? Por que razão não consegui explicar os acertos e a necessidade de levar adiante um projeto bem-sucedido? O sentimento de perda pessoal e para a cidade era avassalador. O pior era a percepção de que, além de não conhecerem a Prefeitura, pouco sabiam sobre os problemas de São Paulo e haviam ganho sem projeto algum. O discurso se resumia à promessa vaga de fazer "melhor do que ela".

Diante de um candidato que se apresentava sem nenhuma proposta concreta, era impossível não perceber o peso do machismo, o que me deixava mais indignada. A mágoa era muito grande — tão grande que, durante todo o primeiro ano, depois que deixei o governo, não consegui começar a escrever este livro. Escrevi a introdução, com reflexões pessoais, comecei a descrever o caos que encontrei na Prefeitura e, a partir daí, doía tanto que não conseguia ir adiante.

Campanha míope

Na campanha, apregoavam com tanta naturalidade que meu adversário ia fazer melhor que só faltava dizerem: "É claro, pois ele é homem e experiente!" Acusavam-me de não saber planejar e eu me perguntava: Como é que alguém pode acreditar que, sem planejamento, teríamos conseguido chegar ao bilhete único? Sem planejamento, como teríamos chegado aos CEUs? E como teríamos conseguido vencer o desafio de municipalizar a saúde e dar o salto que demos? Sem um planejamento rigoroso não se implanta o maior programa social de uma cidade desse porte, até então. Mas parecia que todos eram surdos.

Hoje consigo enxergar que minha campanha ficou muito aquém do nosso poder de fogo, pois não explorou as diferenças gritantes entre o antes e o depois da gestão. Tampouco mostrou nossas realizações em todo o seu alcance, para desespero do governo e dos militantes petistas. Tínhamos uma ótima proposta para a saúde: os centros de especialidades médicas que tínhamos projetado mudariam por completo a qualidade do atendimento médico na cidade, ao poupar às pessoas peregrinações por hospitais em busca de especialistas. Era uma idéia consistente e bem estudada. Considerei excelente a escolha do nome CEU Saúde, pois julgava que a credibilidade que havíamos conquistado na educação viria garantir que éramos capazes de fazer o mesmo na saúde. Mas as lembranças ainda vivas do fura-fila de Pitta, uma promessa que se revelou factóide, fizeram o público não acreditar na proposta. Foi um desastre.

Meu sucessor criou as AMAS, que respondem ao pronto-atendimento, mas o acesso às especialidades ainda impõe longas esperas, em filas intermináveis. Não importa se eles se chamem CEUs, Unidades Básicas de Saúde ou Centros de Atendimento, o povo espera que o poder público caminhe rapidamente para a resposta.

Difamação sistemática

Uma característica que sempre me ajudou é a capacidade de perceber rapidamente o que precisa ser feito. Para o bem ou para o mal, também sou uma pessoa que decide — sem medo, ou, às vezes, com medo — mas decido. Assim, ao contrário da idéia que meus opositores tentaram de todas as maneiras divulgar, meu governo não padeceu de hesitação nem de indecisões desnecessárias. Foi firme e objetivo. Do contrário, não teríamos transformado a ruína que herdamos nas realizações que deixamos.

Apesar dessa certeza reconfortante, que o tempo se encarregou de transformar em patrimônio político, enfrentei uma campanha implacável e sistemática de meu adversário, destinada à desconstrução da minha imagem pública, que se mantinha boa, apesar da derrota, com 48% de aprovação do governo. Em novembro, Serra começou a dizer que estava "preocupado com a possibilidade" de herdar um *deficit* de minha gestão. A imprensa, diligente, irradiou: "Serra espera que Marta deixe a casa em ordem." Era apenas o início de um prolongado bombardeio que só fez crescer em gratuidade e truculência.

Em dezembro, Serra anunciou que não pagaria as despesas contraídas pela minha administração e disseminou a insegurança entre os prestadores de serviço da Prefeitura, alguns dos quais quebraram. Em seguida, cancelou licitações, rompeu contratos e paralisou obras, só para ter que retomá-las mais tarde, encarecidas pelas multas que precisou pagar. Essa situação se repetiu em diversas decisões — a licitação para coleta de lixo, os túneis, a construção da Ponte Estaiada, os projetos para a recuperação do Centro financiados pelo

Banco Mundial... Em fevereiro de 2005, as insinuações haviam-se tornado acusações pesadas, que ganhavam manchetes como "Marta descumpriu lei fiscal, afirma prefeito". A revista *IstoÉ* estampou na capa, sobre o meu rosto, o título difamante "Irresponsável", exposto nas bancas durante uma semana.

A cada dia, uma leva de novas queixas inundava as primeiras páginas: dívida, *deficit*, maquiagem, corrupção, não cumprimento da Lei de Responsabilidade Fiscal e bagunça. Eram essas as imagens que tentavam me impor, como se pode ver nos jornais da época. Havia um toque indisfarçável de deboche. Os túneis da Faria Lima deveriam ir "para o *Guiness Book of Records* como obras que pioram o trânsito"; o conselho de representantes da Subprefeitura, previsto na Lei Orgânica das Cidades e implantado por nós, era um "Frankenstein político". As previsões para o meu futuro eram catastróficas: "A ex-prefeita corre o risco de perder seus direitos políticos e ser enquadrada na Lei de Crimes Fiscais, que prevê até a reclusão de governantes." Esse era o tom, e assim se manteve, durante meses.

Vitórias tardias

Até que, uma a uma, todas as acusações contra mim foram cabalmente respondidas, pelas decisões da Justiça e dos órgãos competentes, pelo caixa superavitário da Prefeitura desde o começo da nova gestão e pelo simples desenrolar dos acontecimentos. As contas dos quatro anos de governo foram aprovadas pela Câmara Municipal — com votos de vereadores do DEM e do PSDB —, e pelo Tribunal de Contas do Município. No dia 11 de fevereiro de 2008, por maioria de votos, o Supremo Tribunal Federal me absolveu da acusação, levantada por meus opositores, de infringir a Lei de Diretrizes Orçamentárias.

O arquivamento do processo não mereceu manchete, é claro, ou, sequer, matéria nas páginas internas. A notícia chegou ao conhecimento dos leitores por notas de rodapé como esta, intitulada "Vacina", publicada na coluna "Painel" da *Folha de S.Paulo*: "A petista acaba de obter uma vitória que adoçará sua campanha: O Supremo arquivou representação do PDT que a acusava de deixar rombo nas contas de São Paulo. O problema havia sido apontado por Serra, seu sucessor, e usado para suspender pagamentos a fornecedores." O relator do processo, o ministro Eros Grau, afirmou que foram levados em consideração, entre outros aspectos, "a análise global da conduta do gestor durante o mandato", "a comparação entre a situação encontrada no início do mandato com a deixada ao sucessor", e a "disponibilidade de caixa, suficiente para cumprir as obrigações assumidas, restando ainda um saldo positivo de R$91.046.265,51".

Em abril de 2008, finalmente, provaram-se falsas, também, as acusações sobre os túneis. O processo em que me acusavam de ter gastado mais do que deveria na construção foi arquivado pelo Ministério Público de São Paulo, após parecer do Centro de Apoio Operacional à Execução e das Promotorias de Justiça Criminais, Caex. Ao examinar a documentação referente à obra, os juristas concluíram que não houve superfaturamento, "em virtude de a obra ser muito específica". Além disso, segundo o promotor de Justiça Antonio Celso Campos de Oliveira Faria, que promoveu o arquivamento, "a obra se fazia necessária para atender a demanda da população". A suspensão do pagamento encarecera a obra em 28 milhões de reais. Ironicamente, ninguém lamentou os milhões a mais.

A Ponte Estaiada, hoje ponte Octavio Frias de Oliveira, é um dos exemplos mais gritantes da facilidade com que suspeitas e cancelamentos foram esquecidos, ao sabor da conveniência. A licitação fora concluída, as fundações estavam prontas e uma das alças ia bem adiantada quando deixamos o governo. Serra paralisou as obras por cem dias e decretou que a ponte era "faustosa" e "desnecessária". A *Folha de S.Paulo* aplaudiu a decisão. Em editorial de 13 de maio de 2005, elogiou: "É acertada a decisão do prefeito José Serra (PSDB) de deixar de lado a construção de duas pontes sobre o rio Pinheiros, previstas no projeto aprovado pela administração da ex-prefeita Marta Suplicy." E argumentava: "Com as pontes endossadas por Marta, toda a empreitada (construção da ligação da Avenida Roberto Marinho à Marginal Pinheiros) custaria nada menos que R$ 147 milhões. Sem elas, o custo total cai para R$ 85 milhões." E a condenação não se encerrava aí. Por existirem outras duas pontes nas proximidades, o jornal julgava que o projeto não era apenas "extravagante", era também "suspeito".

Três anos depois, quando a ponte foi finalmente inaugurada, com o nome de Octavio Frias de Oliveira, tanto o ex-prefeito, agora governador, quanto o jornal haviam mudado de opinião. Para Serra, a ponte era "o novo marco de São Paulo". Para o jornal, "um cartão-postal da cidade" e uma construção digna de figurar no mundo dos recordes (o mundo dos recordes também pode virar elogio, conforme a situação). Em vez dos 147 milhões inicialmente previstos, custou 300 milhões de reais (segundo a *Folha*, 260 milhões). O custo, desta vez, não mereceu nenhum comentário.

Por trás de tantas acusações, e tão violentas, nada havia de concreto senão o desejo de me atingir e a necessidade de esconder a inexistência de um projeto de governo para a cidade.

A vida continua

Ao olhar para trás, e refletir sobre todos esses acontecimentos, consigo enxergar aspectos que, no calor da luta, me passavam despercebidos e extrair deles lições para o futuro. Sou capaz de reconhecer minhas limitações, de avaliar o papel da mídia e do lugar reservado à mulher, de medir as conseqüências de ter decidido desfazer o casamento com Eduardo Suplicy, de ter me casado outra vez.

No momento em que ocorreu a separação, as pesquisas mostravam que o cidadão a considerava um assunto da minha vida particular, por isso acreditei que era caso encerrado. Engano. Talvez tenha sido esta a reação inicial, mas ela mudou quando o senador, famoso e querido, apareceu nos meios de comunicação falando de seus sentimentos de abandono e de dor. Durante todo o episódio, e nos anos que se seguiram, tomei a decisão, não sei se certa ou errada, de não falar sobre o assunto. Falar o quê? Explicar o quê? Quantas separações já não ocorreram, em tantas famílias? Quantas pessoas se apaixonaram por outras? Poderia ter entrado na discussão — era tudo o que a imprensa almejava —, poderia ter feito a minha defesa. Não me faltava o que dizer: que tinha sido muito difícil e que fora preciso muita coragem para tomar uma decisão como essa, que minha atitude foi coerente com os valores que sempre expressei, com o que escrevi e com o que penso, até hoje. Ter uma vida paralela, clandestina, como fazem tantos, é mais fácil e cômodo, mas não é nisso que acredito.

Ninguém me defendeu. Eduardo mostrou seu sofrimento em público e eu remoí minhas aflições em particular. Com isso, tornei-me a megera da história. Havia outro motivo para o meu silêncio. Eu me preocupava com Eduardo, pensava em quão difícil devia estar sendo aquele abandono público. Mas isso não me impedia de me sentir mal com as acusações maldosas dos que nada sabem: que eu me utilizara da fama do meu ex-marido para ganhar as eleições e depois o abandonara. Como se fosse possível, num casamento de 37 anos, em que houve muito amor e companheirismo, não existir a cumplicidade que permitiu aos dois se desenvolverem. Sabia que ele desempenhara um papel vital em cada milímetro do que eu conquistara, seja na televisão, seja como psicanalista bem-sucedida, como mãe e como política, assim como eu tinha sido importante em cada milímetro de sua carreira.

Como explicar isso a quem não tem a experiência? E para quê? Preferi calar. Pensava em políticos homens que tiveram a ousadia de se separar — a maioria não tem — e em como isso repercutira na mídia. Uma notinha, no máximo, ainda que se casassem com mulheres muito mais jovens ou de nível cultural muito inferior ao deles. São homens, estão protegidos.

Percebi isso novamente quando o próprio Eduardo arrumou namoradas. Ele mantinha sua imagem pública de enlutado, e eu continuei a ser tratada como a peste. Normal. Pelo menos com meus filhos foi diferente. É claro que não ficaram contentes, embora percebessem havia muito tempo que o clima entre os pais não era mais tranqüilo nem alegre. Cada um do seu jeito, os três me disseram: Mãe, quero que você seja feliz. Sou grata a eles.

Quando Luis e eu resolvemos casar, foi por um único motivo, o mesmo que costuma levar as pessoas ao altar: a celebração de um amor. Pela mesma razão, resolvemos fazer uma festa para os inúmeros amigos e convidamos Lula e Marisa como padrinhos. Sempre me dei bem com eles, e Luis e Lula têm uma amizade de muitos anos, construída na militância e nos embates petistas no Brasil, nos anos 1980, e em dezenas de viagens internacionais. Luis era representante do PT na Europa e um dos que organizava os contatos e viagens do partido.

Era uma questão simples para nós: nos amamos, vamos oficializar a relação e mostrar ao mundo. Também pensava que poria um ponto final em especulações ou na esperança de volta a um casamento que já acabara.

Machismo variado

Experimentei o machismo em diversas ocasiões. Na infância, quando meu irmão tinha privilégios negados a nós, meninas; depois no consultório, quando exercia minha profissão, e até como prefeita. No sentido do preconceito e da falta de respeito, aconteceu numa das primeiras entrevistas depois de vencer a eleição. Eu esperava que o entrevistador perguntasse sobre os maiores desafios da cidade, ou qualquer tema relevante: a entrevistada era uma mulher que acabava de ser eleita prefeita da maior cidade do Brasil. Eu não estava preparada para o que viria: perguntou se eu usava calcinha vermelha para dar sorte!

Em geral, eram manifestações mais sutis. Numa das primeiras reuniões que fizemos com empresários paulistas, logo no início do governo, para apresentar as finanças da cidade e pedir idéias e ajuda, o secretário de Finanças, João Sayad, propôs fazer a apresentação inicial. Já conhecendo o preconceito, argumentei que era melhor que eu me encarregasse de falar, ou corria o risco de virar um bibelô na reunião. Ele riu e concordou. Apresentei números, situações, possibilidades... Foi ótimo. Para minha surpresa, no dia seguinte, uma amiga, esposa de um dos empresários, comentou comigo que o marido havia ficado muito impressionado, porque eu conhecia os números e apresentara a situação da cidade de forma competente. Valha-me Deus! Eu acabara de ganhar a eleição mais difícil do Brasil, era apenas natural que conhecesse os problemas que me desafiavam. Mas eu era mulher. Duvido que houvesse espanto se o novo prefeito fosse homem. Também não teriam dedicado tanto tempo, espaço e tinta descrevendo seus ternos, sapatos ou cabelos.

Mas a vida continua e sei que minhas netas, Maria Luíza e Laura, viverão em um mundo melhor. Até lá já teremos superado o estigma que persegue as mulheres em postos de liderança: se são agradáveis e gentis, são vistas com complacência e desprezo, e classificadas de incompetentes. É preciso que sejam frias e distantes para merecerem o selo da competência. As que têm poder são inevitavelmente descritas como arrogantes, e as bem cuidadas, coitadas, é claro que só pensam na aparência.

O que nos reserva o século XXI? No século passado Golda Meir, Margareth Thatcher, Indira Gandhi, todas venceram travestidas de homem. Eram as damas de ferro. Quando teremos o direito de ser femininas, inteligentes e competentes, sem ameaçar? Quando aprenderemos a utilizar a sabedoria acumulada que tanto custou às nossas avós, de uma forma nova, totalmente feminina? Não somos nem melhores, nem piores. Apenas diferentes.

Agradecimentos

A minhas amigas Yeda Saigh, Sylvia Monteiro, Eleonora Rosset e Angélica Peters pelo apoio em todos os momentos desta travessia.

A Celso Kamura e Ruth Inamura por cuidarem de mim com tanta dedicação e arte.

Agradeço a todos que me ajudaram a recuperar a memória desses quatro anos e contribuíram com suas lembranças de momentos difíceis, engraçados ou comoventes, que acabaríamos esquecendo no corre-corre da vida:

Aldaiza Sposati
Antonio Donato Mardomo
Antonio da Silva Pinto
Beá Tibiriçá
Branislav Kontic
Carlos Zarattini
Celso Frateschi
Clara Ant
Daniel Misiuk
Edmar Silva
Elizabeth Avelino
Giorgio Schutte
Gisela Mori
Gonzalo Vecina
Jilmar Tatto
Jorge Mattoso
Jorge Wilheim
José Américo Peçanha
Luis Carlos Fernandes Afonso
Marcello Amalfi
Marcio Pochmann
Maria Aparecida Perez
Mariana Bittar
Marta Góes
Mônica Valente
Nádia Campeão
Nadia Somekh
Paulo Teixeira
Pedro Abramovay
Ubiratan de Paula Santos
Renata Jaffé
Renata Vieira da Cruz

Rosana de Freitas
Roberto Garibe
Rui Falcão

Valdemir Garreta
Wesley Prates de Lima

Uma história como esta só se faz com o trabalho, a generosidade e a paixão de um grande time. Minha gratidão aos companheiros de jornada:

Adalberto Dias de Souza
Adauto José Durigan
Alberto Calvo
Aldaiza Sposati
Alencar Rodrigues Ferreira Jr.
Adriano Diogo
Alessandra Estevão da Rocha
Alexandre Youssef
Ana Emília Cordeli Alves
Antonio Carlos Caruso
Antonio Donato Madorno
Antonio Edson Ferrão
Antonio Miguel Aith Neto
Arlindo Chinaglia
Arnaldo Bispo Rosário
Aurélio Pavão de Farias
Beatriz Pardi
Benedito Domingos Mariano
Benjamin Ribeiro da Silva
Branislav Kontic
Carlos Alberto Rolim Zarattini
Carlos Alberto da Silva Vieira
Carlos Eli Gonçalves
Carlos Henrique Pires Pereira

Carlos Massato Kimoto
Carlos Valdir Ayudarte
Celso Marcondes
Celso Frateschi
César Cordaro
Clara Ant
Cláudio José Betzler
Cláudio Prado Nogueira
Clélio Aparecido Leite
Cristina Maria Alves Bezerra
Denilvo Moraes
Dernal de Oliveira Santos
Diana di Giusepe
Edevaldo F. da Silva
Edson Ferreira
Eduardo Barbosa
Eduardo Jorge
Eduardo Sanovicz
Eduardo Ueta
Edmar Silva
Elci Pimenta
Eliana Francisca de Queiroz
Eliane Fortunatti
Eny Marisa Maia

Estela Goldstein
Eva Turin
Evilásio Farias
Fabio Manzini
Fábio Pierdomenico
Felix Sanches
Fernando José de Almeida
Fernando Paes
Fernando Valentin
Francisco Carvalho de Lima
Francisco Macena
Franco Torresi
Gerson Luiz Bittencourt
Giovani di Sarno
Givaldo Souza Cunha
Glauco José Pereira Aires
Gonzalo Vecina Neto
Gustavo Bambini
Gustavo Vidigal Cavalcanti
Harmi Takiya
Helena Kerr do Amaral
Hélvio Nicolau Moisés
Ivo Correa Mota
João Francisco F. Nascimento
João Galvino
João Prado
João Sayad
Jilmar Tatto
José Américo Dias
José Evaldo Gonçalo Carmona
José da Rocha Cunha

Jorge Hereda
José Luiz Leite
José Pólice Neto (*in memoriam*)
Jorge Mattoso
Jorge Wilheim
Júlio Cesar Monzu Filgueira
Kjeld A. Jakobsen
Laila Saad Gadelho
Leda Aschermann
Lucia Camargo
Luis Barbosa de Araújo
Luiz Carlos Fernandes Afonso
Luiz Carlos Frederick
Luiz Paulo Teixeira Ferreira
Luiz Roque Eiglmeier
Luiz Tarcísio Teixeira Ferreira
Márcia Barral
Marcio Pochmann
Marco Antonio Silva
Marco Aurélio Garcia
Marcos Augusto Rossati
Marcos Pagnoli
Marcos Queiroga Barreto
Maria Angelita Moraes
Maria Aparecida Perez
Mário Sérgio Bortoto
Maurício Faria
Maurício Pacheco Chagas
Maximino Fernandes Filho
Miguel João Neto
Milton Nunes Junior

Mônica Valente
Nádia Campeão
Nadia Somekh
Neli Márcia Ferreira
Nélio Bizzo
Ten. Cel. Nelson
Nerilton Antonio de Amaral
Odilon Guedes
Osvaldir B. de Freitas
Osvaldo Misso
Paulo Fiorillo
Ramiro Meves
Maria Aparecida Perez
Roberto Garibe
Roberto Luiz Bortolotto
Roberto Massaru Watanabi
Rosangela V. Fuzetti

Rose Pavan
Rui Goethe da Costa Falcão
Sérgio Marasco Torrecilas
Sérgio Amadeu da Silveira
Shinji Yoshino
Sonia Foianesi
Sonia Franieck
Sueli Muniz
Sueli Ramos
Tânia Rodrigues Mendes
Tadeu José Aparecido P. Dias Pais
Tatau
Ubaldo Evangelista
Valdemir Garreta
Vilson Augusto de Oliveira
Walter Alcântara Oliveira
Walter Rasmussen Junior

Fontes consultadas

AFONSO, Luís Carlos Fernandes (secretário de Finanças e Desenvolvimento Econômico). *Justiça Fiscal e necessidade de investimentos sociais em um cenário de crise: A administração econômico-financeira no governo Marta Suplicy.*

ALVES SOBRINHO, Eduardo Jorge Martins e CAPUCCI, Paulo Fernando. *Saúde Pública em São Paulo: aspectos da implantação do SUS no período de 2001-2002.*

DÓRIA, Og e PEREZ, Maria Aparecida (org.). *Educação, CEU e cidade: Breve história da educação brasileira nos 450 anos da cidade de São Paulo.* Secretaria Municipal e Educação do Município de São Paulo.

GASPAR, Ricardo, AKERMAN, Marco e GARIBE, Roberto. *Espaço urbano e inclusão social: A gestão pública na cidade de São Paulo, 2001-2004.* Instituto São Paulo de Políticas Públicas e Editora Fundação Perseu Abramo.

OLIVEIRA, Carlos Alonso Barbosa de (coord.). *Políticas de combate à pobreza no Município de São Paulo.* Caderno de Trabalho 127. Editora Publisher Brasil, 2004.

PADILHA, Paulo Roberto e SILVA, Roberto (org.). *Educação com qualidade social: A experiência dos CEUs de São Paulo.* Instituto Paulo Freire, 2004.

PEREZ, Cida. *Os resultados concretos do investimento em educação.* Revista *Forum*, dezembro de 2007.

POCHMANN, Marcio (org.). *Políticas de inclusão social: Resultados e avaliação.* Editora Cortez, 2004.

SANTOS, Ubiratan de Paula e BARRETA, Daisy. *Estudos avançados 17, 2003. Subprefeituras — descentralização e participação popular em São Paulo.* Editora Hucitec/Prefeitura do Município de São Paulo.

Secretaria da Habitação e Desenvolvimento Urbano do Município de São Paulo — Sehab. *Balanço qualitativo de gestão 2001-2004.*

Secretaria Municipal de Esportes, Lazer e Recreação de São Paulo. *Prioridade social também para Esporte e Lazer.* Balanço de gestão 2001/2004.

SOUZA, Ana Odila de Paiva (coord.). *São Paulo Interligado — O plano de transporte público urbano implantado na gestão 2001-2004.* Secretaria de Transportes do Município de São Paulo.

Arquivo do jornal *Folha de S.Paulo*

Arquivo do jornal *O Estado de S.Paulo.*

Valor Econômico

Veja São Paulo

Este livro foi composto em Minion 10,5/16,8
e impresso pela Gráfica Bandeirantes sobre papel
offset 75g para a Agir em setembro de 2008.